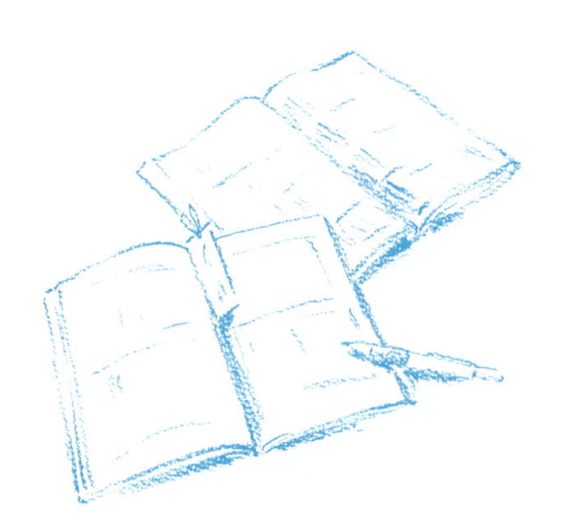

ローカル線で行こう！
鉄旅ガイド 広島・島根・岡山

芸備線・福塩線・井原鉄道・木次線・特別編 旧三江線

やまもとのりこ

南々社

Contents

※QRコードが読みづらいときは、スマホの画面をピンチイン（拡大）すると読みやすくなります。

芸備線
福塩線
井原鉄道
木次線
旧三江線

マークの見方

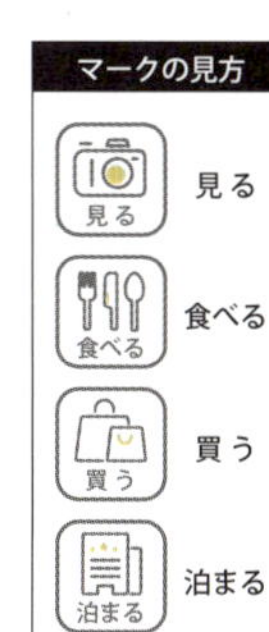

列車に乗ると何が見える？

ローカル線の旅の魅力

地方の町を列車でのんびり旅をする楽しみ。
休日は運転から解放されて、列車でどこかに出かけよう。
自分の目で、耳で、見る・聞く・触れる・味わうために。

入道雲（福塩線　吉舎～三良坂）

枝垂れ桜（木次線　油木～備後落合）A

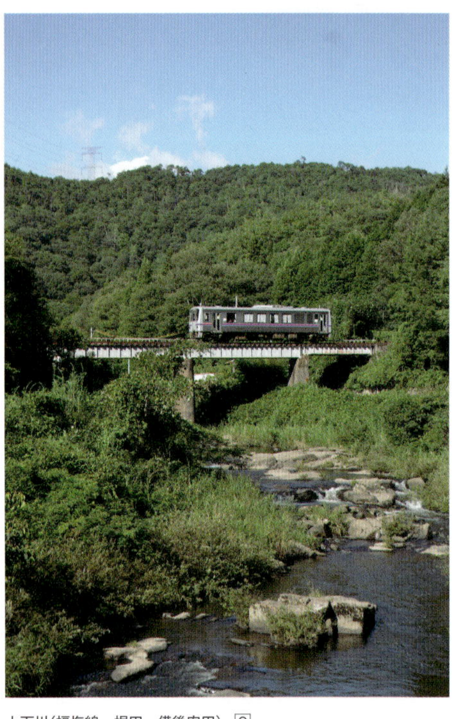

上下川（福塩線　梶田～備後安田）C

車窓は動くギャラリー

ローカル線の旅の大きな魅力は、車窓の楽しみだ。山や川、花、紅葉、田園と、心打たれる風景が座っているだけで次々と目の前に現れる。移動がそのまま観光だ。景色を眺めながら、車内の席に余裕があればお菓子やビールも楽しめる。自分で運転するときには味わえない旅の醍醐味があるはず。

渓流（芸備線　内名～小奴可）

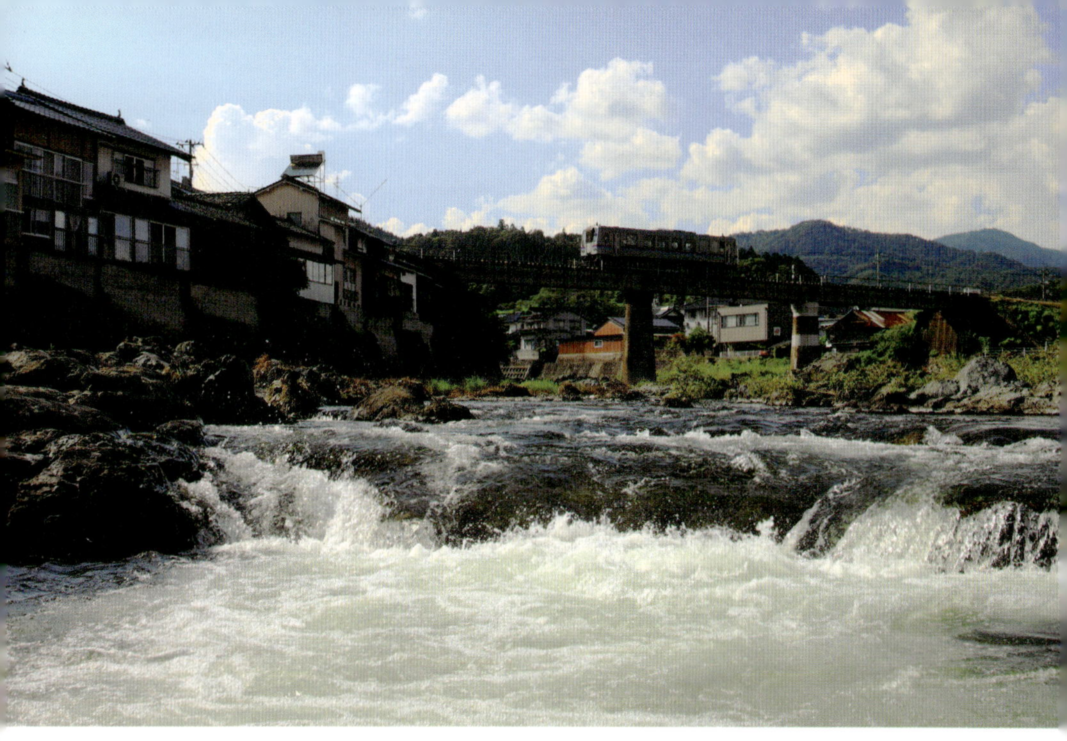

▲大正から昭和にかけて活躍した庄原出身の劇作家・倉田百三が「水晶の溶ケて流るるような清流」と綴った西城川。家並みが川に沿って並ぶ（芸備線　備後西城駅近く）D

◀屋根の上に小さな小屋根「はふ」を乗せた家々。囲炉裏や勝手場の上の煙抜きとしてこの地方に伝わる（芸備線　比婆山駅近く）F

宿場町の甍の波を元気に泳ぐ鯉のぼり（井原線　矢掛駅ホームより）

色々な町の暮らしが見える

町から町へと風景を見ながらの旅。家並みや田畑、自然の地形―。自分の住むところとは違う暮らしの様子に触れ、地域性の違いに気づくことができる。乗り込んで来た地元の人々の普段着の会話に、その地方のお国言葉が聞けるのも旅情をそそる。下車して町を歩いてみれば、食習慣や風土など、またいっそうの発見があるだろう。

ちょっとした準備で快適に

ローカル線の旅のヒント

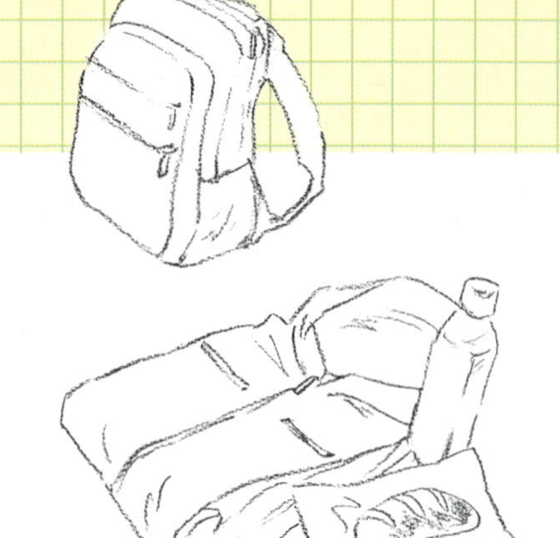

ICカードは使わずに

ICカードが使えない区間もある。うっかり乗車時にICカードを使うと、使えない駅で下車するときに面倒なのできっぷを購入して乗るのがおすすめ。鉄道会社以外の地元の市町村やNPOなどがきっぷを販売する簡易委託駅から乗るときはなるべくそこで買おう。

非常食と飲み物

乗りたい列車の乗り換え時間がタイトなときや、目当ての飲食店が閉まっていたときなどに備えて、常温で長期保存ができるパンなどを持っておくと安心。現地でおいしいものに出会えたときはそれを堪能し、持って行ったパンは帰宅後のおやつにすればOK。また地域によってはコンビニや自動販売機がすぐ見つからないこともあるので、喉が渇いたときに備えてペットボトルの飲み物もカバンに入れておこう。

田舎道では明るい色を

山間部の道路を歩くときは車から見えやすい明るい色の服装にしよう。普段人が歩いていない道は車もスピードを出しているし、早朝や夕暮れなど暗い場所で黒っぽい色の服装は避けたい。ネオンカラー(蛍光色)は暗いところでもよく目立つ。ただしオレンジは保線の人に間違われそうなので他の色で！(笑)カラフルなスポーツウェアなら軽く動きやすく、吸汗速乾性も高いので旅におすすめだ。

気温差を意識した服装

沿岸部では温かい季節でも山間部はまだまだ寒いということもよくある。また、山の中ほど昼夜の寒暖差が大きいので、寒さを感じたときに羽織るものを持っておこう。小さくたたんでカバンに入れられるフード付きウィンドブレーカーなら保温にも小雨のときにも使えて便利。貼るタイプのミニカイロもいざというときに役立つ。逆に車内が暑いときにも脱ぎ着しやすいよう上着で調節することを心がけて。

山道を歩くとき

山の中の遊歩道などを歩くときはウェットティッシュタイプの虫よけが使いやすい。かゆみ止めの塗り薬や傷薬の携帯品も持っておこう。3～11月はスズメバチやマムシの活動が活発になる季節なので特に注意して、遊歩道以外の草むらなどに不用意に入らないようにしよう。また、黒い色の服装や香水はハチを刺激するといわれるので避けよう。帽子も黒よりもベージュなどの明るい色で。

最終列車を見送った。走行音が消えて行く。見上げると、オリオンとすばるはずっと空にいた（芸備線　比婆山～備後西城） F

Geibi Line
芸備線
げい び せん
備中神代 — 広 島
びっちゅうこうじろ ひろしま
（岡山県新見市） （広島県広島市）
159.1km 全44駅
備中神代
岡山県
広島
広島県

広島県を沿岸部から山間部まで斜めに縦断
深山幽谷の景色を見て岡山県との境を越える

大正4年(1915)藝備鉄道開業、昭和11年(1936)全通。安芸と備中を結ぶ全長159.1km、乗車時間約5時間という長大路線だ。広島駅を出て約30～50分ほどで第1三篠川橋梁を渡る。平成30年(2018)の西日本豪雨で流失し、翌令和元年新しく架橋された。のどかな田園風景の中、三篠川、江の川に沿って進み、県北の中心・三次駅、福塩線との分岐・塩町駅を経て中国山地へ向かう。西城川沿いの山あいの景色を楽しみながら木次線との乗り換え駅・備後落合駅へ。ここから東城駅までは1日3往復と運行本数は減るが、石灰石の渓流や猫山など車窓の眺め絶佳にして、わざわざ訪れて乗る価値のある区間だ。東城から県境を越えて岡山県の備中神代へ至る。路線の大半を通る広島県は沿岸部の平地の割合が少なく、高原と中国山地が多くを占める。芸備線はそんな広島県の風景の移り変わりを体験できる路線だ。沿線は神楽など古くからの地域固有の文化が保存される。食では鮎などの川魚や米など名産が多く、県北部のワニ(サメ)食も珍しい。

蕎麦の花が広がる畑を進むキハ120形気動車。この地域は標高が高く昼夜の寒暖差が大きいため、秋には香り高い蕎麦となる(比婆山～備後西城) A

芸備線路線図

山陰本線
木次線
松江自動車道
伯備線
鳥取県
島根県
旧三江線
浜田自動車道
中国自動車道
芸備線
広島県
岡山県
尾道自動車道
福塩線
井原線
山陽自動車道
山陽本線
山陽新幹線
呉線
備中神代
坂根
市岡
矢神
野馳
東城
備後八幡
内名
小奴可
道後山
備後落合
比婆山
備後西城
平子
高
備後庄原
備後三日市
七塚
山ノ内
下和知
塩町
神杉
八次
三次
西三次
志和地
上川立
甲立
吉田口
向原
井原市
志和口
上三田
中三田
白木山
狩留家
上深川
中深川
下深川
玖村
安芸矢口
戸坂
矢賀
広島

芸備線交通連絡表

備中神代	JR 伯備線			
	バス	備北バス	0866-48-9111	神代駅バス停
東城	バス	備北交通	0824-72-2122	
		※駅前から高速バス（広島、三次、庄原）・路線バス有		
	タクシー	観光タクシー	08477-2-0120	
		帝釈峡タクシー	08477-2-2128	
備後八幡	バス	備北交通	0824-72-2122	八幡駅バス停
小奴可	バス	備北交通	0824-72-2122	小奴可駅口バス停
	タクシー	道後タクシー	08477-5-0073	駅構内
備後落合	JR 木次線			
	バス	西城交通	0824-82-1933	
	タクシー	道後タクシー	08477-5-0073	
備後西城	バス	西城交通	0824-82-1933	
	タクシー	駅前タクシー	0824-82-2314	
		西城タクシー	0824-82-2929	
		アラキタクシー	0824-82-2741	
備後庄原	バス	広島電鉄	0570-550700	庄原バスセンター
		備北交通	0824-72-2122	庄原バスセンター
		庄原バスセンターから高速バス（広島、三次）有		
	タクシー	石田タクシー	0824-72-1181	
塩町	JR 福塩線			
	バス	備北交通	0824-72-2122	
三次	バス	備北交通	0824-72-2122	三江線代替バス（作木線）含
		君田交通	0824-53-2314	三江線代替バス（川の駅三次線）
		三江線代替バス・式敷三次線	0826-42-5612	（安芸高田市政策企画課）
		広島電鉄	0570-550700	
		三次市市街地循環バスくるるん	0824-72-2122	（備北交通）
	タクシー	芸備タクシー	0120-81-2175	
		三次みどりタクシー	0120-93-9280	
甲立	バス	備北交通	0824-72-2122	
		お太助バス	0826-42-5612	（安芸高田市政策企画課）
	タクシー	甲立タクシー	0826-45-2661	
吉田口	バス	備北交通	0824-72-2122	
	タクシー	芸北・吉田タクシー	0120-422-236	
向原	バス	備北交通	0824-72-2122	
		お太助バス	0826-42-5612	（安芸高田市政策企画課）
	タクシー	向原タクシー	0826-46-2156	
井原市	バス	備北交通	0824-72-2122	
中三田	バス	広交観光	082-843-4466	（井原線）
白木山	タクシー	平成タクシー	082-840-3050	
狩留家	バス	広交観光	082-843-4466	（井原線・狩留家バス停）
	タクシー	平成タクシー	082-840-3050	

※駅、交通機関等は主なものを掲載しています。
※ 2019 年 10 月現在の状況です。運行ダイヤ・ルートが変更される場合もあります。事前に HP などでご確認ください。
※バス路線によっては日曜・祝日運休のものもあります。事前にご確認ください。
※タクシー会社が定休日の場合や、台数に限りがある場合があります。事前のご予約をおすすめいたします。
※ QR コードが読みづらいときは、スマホの画面をピンチイン（拡大）すると読みやすくなります。

お太助バス　君田交通　広交観光　西城交通　備北バス　備北交通

1年3ヶ月ぶり全線復旧

おかえりなさい芸備線

1年3ヶ月ぶりに列車で登校できた白木中学校の生徒ら。喜びの笑顔で記念列車にうちわを振る（井原市～志和口） G

西日本豪雨災害から復旧

平成30年（2018）6月28日から7月8日にかけて西日本を中心に記録的な大雨が発生し、岡山県倉敷市真備町や広島県呉市など多くの地域が被災した。鉄道では山陽本線や呉線などで盛土の流出や土砂の流入などの被害が出たが、新幹線やフェリー、バスによる代行輸送を行いながら被災箇所の復旧工事が進められ順次運行を再開。その中で芸備線は白木山～狩留家間の第1三篠川橋梁の流失により長期間不通区間が生じていたが、橋梁の再建工事完成により令和元年（2019）10月23日、約1年3ヶ月ぶりに全線の運行を再開した。

備後庄原駅のセレモニーでは庄原市長からJR広島支社長へ通票が手渡された B

三次駅では三次太鼓の演奏や妖怪に扮した市民らの出迎えで盛り上げた H

向原駅では芸備線で通学する向原小学校、同中学校、同高校の生徒らが盛大にお出迎え・お見送り

喜びに沸く沿線

運行再開日の10月23日に、広島～備後庄原間で観光列車「〇〇のはなし」の車両を用いた団体臨時列車が運行され、沿線各市の首長が通票（タブレット※）リレーを行った。広島・向原・甲立・三次・備後庄原の各駅では記念式典が行われ、駅や沿線では住民らが列車に向かって横断幕を掲げ小旗やうちわを振る光景が見られた。芸備線は沿線の多数の小学生・中学生・高校生らが毎朝の通学に利用する重要な交通手段だ。車の運転を控える高齢者にとっても時間が正確でお手洗いの心配のない列車は暮らしに欠かせない。全線再開で沿線の人々らが安堵と喜びに沸いた一日だった。

井原市駅では記念列車だけでなく普通列車にも「開通おめでとう」の横断幕と「まっとったよ！！」の大うちわでお出迎え

志和口駅では住民らが天国のネコ駅長「りょうま」のうちわを振って出迎えた

芸備線復旧
ありがとう！

※タブレット…鉄道の単線区間で、一定区間に二列車が同時に入るのを防ぎ、列車運行の安全を保つため、駅長から運転士に交付される通行票のこと

再建された第１三篠川橋梁の右岸から広島方を見る。側面の壁は3mの高さで車両を守る　A

流失した橋梁を再建

第１三篠川橋梁は芸備線白木山駅から約1km下流の太田川水系三篠川に架かっており、被災前は橋長約86m、５橋脚６径間上路プレートガーダー橋だった。再建された新橋梁は増水時の安全性を高めるため、県による河道拡幅工事に併せ橋長110m、橋脚２本の３径間下路プレートガーダー橋となった。第１三篠川橋梁は昭和20年(1945)９月の枕崎台風でも流失している。橋梁再建工事は１年以上かかるのが通例だが、枕崎台風当時は道路も未整備だったため復旧が急がれ、上流側に仮鉄橋をかけてバイパスさせて年末までに芸備線の運行をスピード再開したという記録が残る。だが今回は河川改修と橋梁再建を同時に行う大規模な工事となり、代行バスを運行するなどの対策を取った。

流失前の第１三篠川橋梁。梅の花の香りが漂う　G

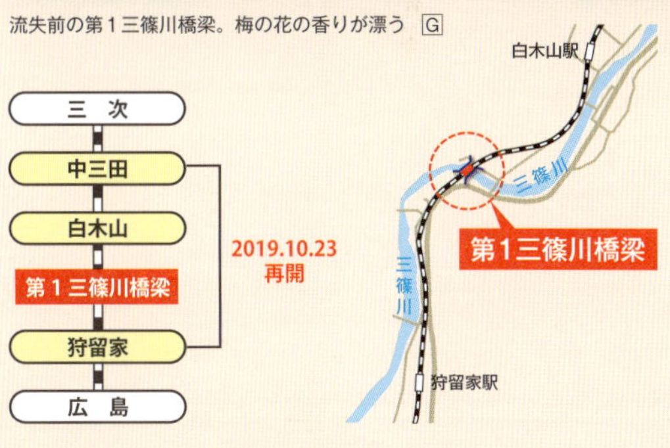

風薫る頃、西城川沿いの田に水が張られる。山間部の田仕事は早い（備後西城～平子） A

集落に春が来た。のどかな昼下がり、山桜を見ながら宮ノ脇橋梁を渡る（道後山～備後落合） B

福塩線と分かれてすぐ、穏やかな流れにかかる馬洗川橋梁を行く（下和知～塩町） B

見事な茅葺き家屋を見ながら。安芸地方の茅葺き屋根職人はかつて“藝州屋根屋(げいしゅうやねや)”と呼ばれ、北は近江から南は豊前まで呼ばれて行ったという(吉田口～向原) B

色づき始めた桜もみじが車内を照らす。列車は第２小鳥原橋梁にさしかかった(道後山～備後落合) F

日の落ちるのが早くなった。稲刈りのあと手作業で藁をまとめて干す。冬の間、乳牛たちの大切な飼料になるのだ(七塚～山ノ内) F

赤いキハ47形車両が駅舎のもとに走ってくる。大正4年(1915)藝備鉄道の開業と同時に建てられたこの駅舎は、平成31年(2019)冬、104年の歩みを終えた(井原市駅) A

▶矢神駅

御衣黄桜（ぎょいこうざくら）

中国地方にわずか数本
若武者の衣のような緑の桜

矢神駅のホームには淡い緑色の桜が咲く。御衣黄という品種で、中国地方に2～3本しかない珍しい桜だ。京都の仁和寺が発祥とされ、花の萌葱色が貴い身分の若者の衣装を思わせるからだといわれる。開花期はソメイヨシノが終わった4月下旬から5月上旬。

㊟岡山県新見市哲西町矢田字高橋田79－3
☎0867-94-2111（新見市哲西支局地域振興課）

▲花びらの中心に白い線が入り、満開になるにつれ紅色の線が現れる B

◀駅の開業は昭和5年だが、木造駅舎の建物財産標の表記は昭和3年10月

▶矢神駅から徒歩17分

獅子山八幡宮（ししやまはちまんぐう）

樹高約35mの見事なイチョウ
鎮座820年以上の古社

鎌倉時代の初め1199年に伊勢の朝熊八幡宮から勧請され、鎮座820年を超える地域の氏神。ご祭神は誉田別命（ホンダワケノミコト）、神功皇后、玉依姫命の三神。境内のイチョウの巨木は新見市の天然記念物に指定されている。

㊟岡山県新見市哲西町矢田2368
☎0867-94-2227

獅子山八幡宮のイチョウは古くから善江院前のイチョウと夫婦と言い伝えられている

黄葉の季節になると石段は黄金色の絨毯をしきつめたよう

当初は矢田福生庄に勧請したが、狭隘なので1211年に現在地に奉遷した

▶矢神駅から徒歩 20 分

食べる　買う

道の駅 鯉が窪
（みちのえき こいがくぼ）

**米粉のケーキやクッキー
地元産素材のスイーツが人気**

米粉シフォンケーキや米粉クッキー、米粉入りマーブルケーキなど販売。地元のお米を自家製粉した米粉や地元農家の卵、名産の哲西（てっせい）栗など地元産素材をふんだんに使っている。地酒・三光正宗の吟醸酒を使ったかすてらは酒好きの人へのお土産に。

㊢<売店・野菜市場> 8:30 ～ 18:00、<こめ工房（パン）> 9:00 ～ 16:00、<レストラン>月～水曜 10:00 ～ 14:30（バイキングのみ）・木～日曜 10:00 ～ 16:00（定食メニュー等のみ）
㊡<こめ工房のみ>木曜
㊟岡山県新見市哲西町矢田 3585-1
☎ 0867-94-9017
Ⓟ有

秋は小奴可産りんごと紅茶のシフォンケーキもおすすめ

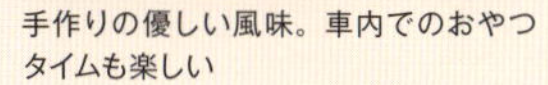
手作りの優しい風味。車内でのおやつタイムも楽しい

レストランや野菜市場、米粉パン工房のほか、テーブル席の広々とした休憩スペースもある

▶東城駅周辺一帯

備後東城 お通り
（びんごとうじょう おとおり）

**城下町の面影残る町並みに
華やかな祭礼行列が練り歩く**

東城五品嶽（ごほんがたけ）城主・長尾隼人が関ヶ原の戦勝を祝して行った祭礼行列が「お通り」の始まりとされる。子どもたちが担ぐ「母衣（ほろ）」は、戦場で背後からの矢よけに用いられた武具が元になっている。東城駅周辺を武者行列と共に練り歩くさまは圧巻だ。

㊢毎年 11 月初旬
☎ 08477-2-0525 お通り保存振興会（東城町商工会内）

平和な世になり、母衣を飾って子どもの無事の成長を願い着せるようになったという

若武者たちの甲冑姿が古い町並みに映える

火筒のデモンストレーションや子どもの喜ぶアクションショーも

▶東城駅から徒歩 12 分

やまもとろっくましん
ヤマモトロックマシン

昭和初期の木造建築の
黄金期を今に伝える

削岩機製造会社で昭和初期に建てられた木造の建築群。地元大工の曽田俊郎棟梁によって建てられ、工場は今も現役で稼働する。質の高い建築で、工場や寮など敷地内8つの建物が国登録有形文化財に指定されている。見学は年数回の見学会のときのみ可能。

㊟広島県庄原市東城町川西 424-1（工場所在地）
☎ 08477-2-4544 ヤマモトロックマシン旧自治寮活用プロジェクト（空間設計事務所内）
※ 見学会の主催は上記ヤマモトロックマシン旧自治寮活用プロジェクトです。
※ イベントや建物見学会についてヤマモトロックマシン株式会社に直接のお問い合わせはご遠慮ください。

ファサードは西洋風で、木造建築には数少ないアーチ窓を取り入れた

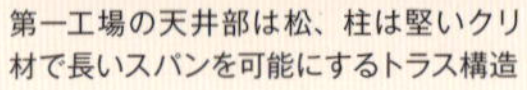

第一工場の天井部は松、柱は堅いクリ材で長いスパンを可能にするトラス構造

工場横には構内軌道の跡が残る

▲木造二階建の入母屋造桟瓦葺。桁行 18m、梁間 17m の重厚な構え

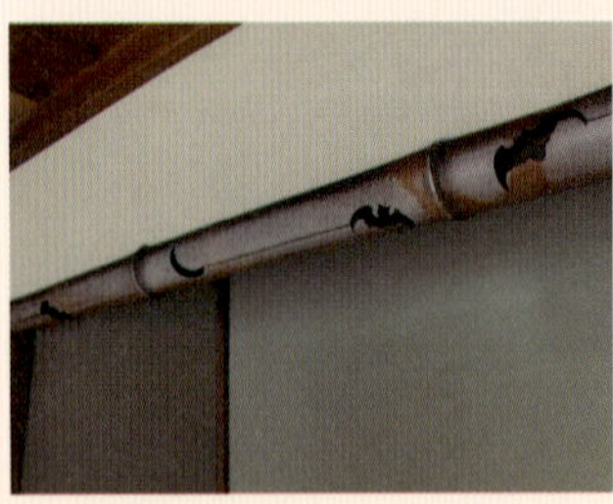

◀茶室床の落し掛けは丸竹に月と蝙蝠。林太郎四男の長一が昭和前期に建築

▶東城駅から徒歩 5 分

さんらくそう
三楽荘（旧保澤家住宅）

明治期に建てられた
東城の代表的な町家

東城の豪商·保澤家が明治期に建てた。本館·離れ·茶室などが揃って現存し、現代では入手困難な長大なヒノキやケヤキを豪快に使っていることから、国登録有形文化財に指定される。本館の棟梁は横山林太郎。東城の町並み景観を代表する大型町家である。

㊖9:00 ～ 17:00
㊡火·水·木曜、年末年始（12/29 ～ 1/3）
㊟広島県庄原市東城町東城 345-1
☎ 08477-2-0457
Ⓟ8 台
㊕見学無料

▶東城駅から徒歩 10 分

zakka & cafe やぶき たてぐ てん YABUKI TATEGU TEN

手作りピリ辛サルサソースのタコライス丼

木の雑貨を見ながら ランチ&ティータイム

老舗建具店の一部を活用した、木のぬくもりあふれるカフェ。ナチュラルで落ち着いた雰囲気の空間だ。自家製の新鮮な野菜を使った「畑ランチ」や第2火·水曜限定の生パスタが人気。木製の洒落たオリジナル雑貨も販売する。

㊮10:00 ~ 17:00
㊡木曜、不定休 (月 2 日)
㊟広島県庄原市東城町東城 47
☎ 070-7567-1782
Ⓟ有

ウッドブロックのメモホルダーや木のアクセサリーも欲しくなる

三楽荘からは城下町特有の枡形道を通って 5,6 分

▲柔らかめのフロランタンのような焼き菓子「雄橋」

◀大正 8 年 (1919) 創業。老舗らしい落ち着いた店構え

▶東城駅から徒歩 5 分

おかしどころ えんじょうどう 御菓子処 延城堂

地元の人々に愛されて来た 老舗の手作りお菓子

東城の人々が日常で楽しめるお菓子を、と店主が心を込めて手作りする。添加物などを使わず厳選した素材で丁寧に作られた焼き菓子や羊羹、干菓子などが並ぶ。銘菓「雄橋 (おんばし)」は東城町が誇る国天然記念物の景勝地·帝釈峡にある天然橋の名を冠した。

㊮7:30 ~ 19:30
㊡無休
㊟広島県庄原市東城町東城 312
☎ 08477-2-0115

▶東城駅から徒歩 10 分

ごとうしょうてん
後藤商店

**明治 14 年創業、
百年の伝統を守る本物の酢**

後藤の「赤酢」は高い品質で知られ、広島市の一流寿司店でも使われている。帝釈台地の硬水を用い、創業以来蔵に在る酢酸菌の力のみで醸す静置醗酵という伝統製法を守る。まろやかな味わいで、料理はもちろん果実を漬け込んでドリンクにするのもよい。

㊔9:00 ～ 16:00
㊡土（第 2・4）・日曜、祝日
㊟広島県庄原市東城町東城 66
☎ 08477-2-0070（代表）

▲伝統の赤酢のほか、梅や林檎の果実酢も人気。洒落たボトルはお土産にも

◀お通り期間はまちかどギャラリーとして代々伝わる母衣も展示

米どころ庄原は銘酒揃い

しょうばらのじざけ
庄原の地酒

庄原は昼夜の寒暖差が大きく良質の米が育つ。比婆山から流れる水で醸す「比婆美人」は米のうま味が感じられる旨口の酒。東城の「超群」「菊文明」は硬度の高い帝釈峡の伏流水を使い、辛口ですっきりした味わい。旅のお供にお土産に、飲み比べて楽しみたい。（撮影協力／現金屋 箱田）

ちょうぐん　いくましゅぞう
「超群」生熊酒造

㊔8:30 ～ 17:00
㊡土・日曜、祝日
㊟広島県庄原市東城町川西 887-1
☎ 08477-2-0056

ひばびじん　ひばびじんしゅぞう
「比婆美人」比婆美人酒造

㊔8:00 ～ 17:00
㊡土・日曜、祝日
㊟広島県庄原市三日市町 232-1
☎ 0824-72-0589

きくぶんめい　きたむらじょうぞうじょう
「菊文明」北村醸造場

㊔9:00 ～ 18:00
㊡土・日曜、祝日
㊟広島県庄原市東城町東城 356（店舗併設）
☎ 08477-2-0009

日本画家・矢吹沙織さんに聞く

東城の魅力

離れているからこそ感じる 故郷の素晴らしさを描きたい

五品嶽の城下町として整備された東城では、旧家に今も人々が暮らす生きた町並みがあります。お通りを含むお祭りや比婆荒神神楽の伝統文化が保存され、暮らしと景観、古いものと新しいものが調和しています。東城駅で下車されたらぜひ、有栖川(東城川の地元での雅名)沿いの道を、対岸の城山(五品嶽の通称)を眺めながら歩いてみてください。川の水は透明度が高く、天然記念物の甌穴が見られます。川底が青緑に輝いて見える、地元では「なめら」と呼ぶ堆積岩が美しいです。春は桜並木も素晴らしいですよ。芸備線で新見方面から東城に帰ると、車窓から町のシンボルである五品嶽と町並みが見渡せていつもほっとします。今は東京在住ですが、離れているからこそ改めて感じられる故郷の素晴らしさを再発見しつつ、新鮮な感動を持って描きたいです。

紅葉の五品嶽と有栖川。東城の秋の風景を描いた170×350cmの大作「錦」(2016年)

矢吹 沙織
やぶき さおり

日本画家。1978年広島県庄原市東城町生まれ。広島比治山女子短期大学美術科日本画および京都芸術短期大学日本画専攻科卒業後、東京を中心に各地で個展を開催。故郷・東城町の風景や身近な花を描いた作品は多くのファンの心を癒やしている。書店We東城店ブックカバーや地酒・超群のラベル、後藤酢ポスター・ラベルなどに作品も提供。東京都在住。

中世からの古式を今に伝える

比婆荒神神楽

比婆荒神神楽社による「七座神事(しちざしんじ)」の一つ、「猿田彦の舞」。神を迎えるための悪魔祓いの舞で「所堅めの舞」とも呼ばれる。優雅に激しく舞う様子は大迫力だ

東城町・西城町一帯に伝わる比婆荒神神楽は400年以上の歴史ある古式を留めた貴重なもので、広島県内の神楽では唯一、国の重要無形民俗文化財に指定されている。名(みょう)と呼ばれる農村の自治組織の祖霊神である「本山三宝荒神(もとやまさんぼうこうじん)」に奉納するもので、中世以来の神がかりの神事を伝える鎮魂の要素を色濃く残す。7年・9年・13年・33年の式年で行われる大神楽(おおかぐら)は、古くは四日四晩、現在でも二日一晩に渡って舞われる。東城町で活動する比婆荒神神楽保存会では地元の三楽荘のイベントや各地の神楽大会などでも舞を披露しているので、機会があればぜひ体験してほしい。

内名駅（うちなえき）

たたら製鉄で栄えた町にある山あいの秘境駅

国鉄三神線（さんしんせん）として小奴可～備後落合が開通した昭和11年（1936）には駅が設置されなかったが、地元住民の熱心な請願活動が実り昭和30年（1955）7月20日に開業した。現在は1日3往復のダイヤで運行する。周辺はかつてたたら製鉄のかんな流しで栄え、“くろがねどころ”と称えられた。

㊟広島県庄原市東城町竹森
☎<缶バッジ・記念シート>08477-2-0661（田森自治振興区）

駅舎はないがホーム上に地元住民の手でよく清掃された待合室がある

1日上下各3本が運行。次の便まで数時間空くが、折り返し列車なら1時間ほどで来る

付近の案内や歓迎のメッセージ、駅ノート。住民のおもてなしの心あふれる待合室

季節を感じるデコレーション

開業60周年の記念植樹。樹種はヒノキ科のイブキだがこの地域では「ハクの木」と呼び大切にしている

季節で図柄が変わる内名駅缶バッジと訪問記念シートを配布。地元の田森自治振興区が制作

▶内名駅から徒歩１分

馬頭観音

牛馬安全を願って建立
古くから家畜を大切にした

内名駅南側の坂道を川の方に下ると、橋の手前の下流側の草むらに小さな石仏が建立されている。田畑を耕してくれる牛や馬の安全を願う馬頭観音だ。大切にしていた牛馬が事故に遭うなどすると、その場所に建立して弔うこともあったという。

㊟広島県庄原市東城町竹森
☎08477-2-0661（田森自治振興センター）

▲表には「高等登録牛 第二十四おうもと号」の銘。亡き家畜への愛を感じる

◀傍らを流れる成羽川の清流。瀬戸内海に注ぐ一級河川・高梁川の源流域にある

▶内名駅から徒歩５分

八雲神社

通称「ぎおんさん」牛の神さまを祀る
桜とイチョウの名所

大山（だいせん）さんと呼ばれる多飯ヶ辻山（おおいがつじやま）（1040m）の麓にあり、牛の守り神といわれる須佐之男命（スサノオノミコト）、製鉄の神・金山毘古神（カネヤマヒコノカミ）ほか建速須佐之男命（タケハヤスサノオノミコト）、櫛名田比売命（クシナダヒメノミコト）の4柱の神を祀る。かつてかんな流し跡の田畑を、黒牛を使って耕作していたことから、繁栄に貢献してくれた牛を大切にしてきたことがうかがえる。

㊟広島県庄原市東城町竹森704
☎08477-2-0661（田森自治振興センター）

境内のイチョウの秋の黄葉はつとに有名。春の桜も美しい

牛の神として大山信仰の盛んな地方。拝殿脇に見事な牛の石像が奉納される

神社手前の内名集会所の記念碑には芸備線内名駅開設についても刻まれる

▶小奴可駅から徒歩 1 分

近江屋最中（おうみやもなか）

山里の素朴な手作り
昭和中期から長く親しまれる

小奴可駅前のスーパー「近江屋フードセンター」で製造･販売している。元々この「近江屋最中」を作っていた菓子屋が発展してスーパーになったのが60年ほど前だそう。地元の人々のお茶うけに、お土産にと長く親しまれている。

㊎8:00 ~ 19:00
㊡年中無休
㊟広島県庄原市東城町小奴可２５７７−１７
☎ 08477-5-0019（近江屋フードセンター）

▲大黒様の絵が入った可愛い最中。あんこは北海道産小豆を使った自家製

◀パンや弁当、飲み物も買えるので旅の途中の食料補給にも便利

▶小奴可駅から徒歩 10 分

要害桜（ようがいざくら）

城跡の一角にそびえる
樹齢 520 年以上の桜の巨木

小奴可駅から西の成羽川の対岸にある比高40mの亀山城跡。本丸に面した居館跡の削平地の端に高さ17mにも及ぶエドヒガンの巨木がある。寒冷な山間部の上、海抜約590mにあるので開花がやや遅く4月中旬以降となる。

㊟広島県庄原市東城町小奴可
☎ 0824-75-0173（庄原市観光協会）
Ⓟ臨時駐車場有

▲広島県指定天然記念物で桜では第 1 号

◀いくつかの小さな曲輪（くるわ）を登って数分、二の丸から居館跡へ出られる

▶備後落合駅

備後落合駅(びんごおちあいえき)

中国山地の山越えの要衝
陰陽連絡のターミナル駅

芸備線と木次線の接続駅で、かつては山陰と山陽を結ぶ重要な拠点だった。現在は静かな無人駅となっているが、1日1回14時台に芸備線の上下方向と木次線の3方向から列車が落ち合い、ひとときにぎわう。休日を中心に地元のボランティアガイドが駅の歴史を案内する。

㊟広島県庄原市西城町奥八鳥1778
※転車台や給炭台はホーム上から見学。
　危ないのでホームからは下りないでください。

6番線と機走線まであった広い構内。左から1番線に木次線、2番線に芸備線三次方面から、3番線に新見方面からの列車 B

壁には資料のほか、地域住民や子どもたちからの心温まるメッセージも

ボランティアによる掃除が行き届く待合室。貴重な往年の写真が飾られている

ボランティアガイドの永橋さん

乗り換え客に説明する備後落合ガイドの会の皆さん

昔使われていた、SLの進行方向を変える転車台。広島県内にはここ1箇所のみ

駅スタンプや顔出しパネルはボランティアがほぼ毎日持参

この上に作業員が登ってSLに石炭と水を注入していた給炭台

▶備後落合駅から徒歩 15 分

どらいぶいんおちあい
ドライブインおちあい

かつての備後落合駅名物の おでんうどんが食べられる

昭和の終わりまで2・3番ホームに立ち食い蕎麦があり、よく煮込んだおでんを乗せた「おでんうどん」が冬の備後落合駅の名物だった。ドライブインおちあいでは、当時作っておられた三次の環水楼（かんすいろう）から伝授され、9 ～ 5月限定でおでんうどんが食べられる。

㊠12:00 ～ 18:00
㊡無休
㊟広島県庄原市西城町熊野 500-10
☎ 0824-84-2143
Ⓟ有

▲香りのよい自家製ゆずこしょうが合う。おでんに岩海苔が入るのもこの地方の特徴

◀定食や丼、カレー、ラーメンといった定番メニューも。売店ではお菓子やカップ麺も買える

▶備後落合駅から徒歩 20 分

ぐりーんふぃーるどさいじょう
グリーンフィールド西城

しぼりたてミルクたっぷりの 手作りアイスクリーム

敷地内で飼っている乳牛のミルクで手作りする風味と口どけの優しいアイスクリーム。バニラや抹茶など定番のほか、フキノトウや桜、ナツハゼなど山の中ならではの貴重な素材を添えた季節限定のアイスクリームも見逃せない。イートインでその場で食べられる。

㊠10:00 ～ 17:00
㊡月曜 ※祝日の場合は翌日
11・12・3 月は通常通りの営業
1・2 月は土・日曜、祝日のみ営業
㊟広島県庄原市西城町小鳥原 347-1
☎ 0824-84-2711
Ⓟ有

▲常時 20 種類以上のアイスクリーム。どれにしようか迷うほど

◀緑の森の中、おとぎばなしに出て来そうな赤い山小屋風のお店

備後西城 EKINAKA

**駅舎内でランチや珈琲
のんびり過ごせる手作り空間**

駅舎の中のスペースで地元西城産そば粉の手打ち蕎麦やカレー、ジビエドッグ、西城特産の渓流魚コギの塩焼きなど日によって多彩な軽食やドリンクが楽しめる。企画運営するNPO法人西城町観光協会が簡易委託駅としてきっぷも販売している。

㊔＜金～火曜＞11:00～なくなるまで(16:00 くらい)
＜木曜＞14:00～16:00
＜そば＞第１・３火曜、第２・４日曜
＜イザナミ丼・コギ＞第１・３月曜
＜自家焙煎珈琲・自家製スイーツ＞木曜
＜ホットドッグ・カレー＞第２・４月曜、金・土曜
㊡水曜、第2・4以外の日曜
※臨時休業もあるので電話かSNSで事前に確認を
㊟広島県庄原市西城町大佐764－2
☎0824-82-2727
(NPO法人西城町観光協会)
Ⓟ有

香りが良くコシのあるかけそば

そばは第1・3火曜と第2・4日曜に食べられる

西城そば生産組合代表
山脇さんらが打ってくれる

おしゃれで気さくな西城町観光協会の岡崎さん

芸備線写真が展示され、マガジンラックには芸備線の書籍が色々

地元産の旬の野菜を使う日替わりの手作りカレー

ヒバゴンゆるキャラの横断幕が出迎える備後西城駅

地元産の山芋とろろが乗ったイザナミ丼

▲駅前に飾られたSLの動輪

◀いつも季節の花やデコレーションが出迎えてくれるホーム

▶備後西城駅から徒歩 15 分

れんしょうじのしだれざくら
蓮照寺の枝垂れ桜

**中世、久代宮(くしろみやし)氏の館跡の古刹に立つ
樹齢 150 年の名木**

西城川の清流のほとり、大富山の東麓に佇む古刹・蓮照寺の本堂横に建つ、樹齢150年、樹高10mのエドヒガン系枝垂れ桜。毎年4月中旬頃から開花する。永正12年（1515）開基の蓮照寺には、善女の身代わりになった「切り掛けの名号」の伝承が残る。

㊟広島県庄原市西城町西城 76
☎ 0824-82-2727（NPO 法人西城町観光協会）

▲ドーム型に枝垂れる桜は珍しい。花期には夜間のライトアップも行われる

◀天文 2 年（1533）東城から移って大富山城を構えた久代宮氏の館跡

ちょこんと乗った珈琲豆がアクセント。珈琲ロールケーキとブレンドのマリアージュ

門を一つにする安原旅館の木製看板が目印

展示された写真を眺め、西城のまちの魅力を再発見

▶備後西城駅から徒歩 15 分

やすはらりょかん　こーひーや せんしんかん
安原旅館・珈琲屋洗心館

**西城まちなかの和風旅館
ゆったりと自家焙煎の珈琲を**

城下町・西城のまちなかで創業100年以上の老舗旅館。その一角でマスターが吟味した自家ブレンド・自家焙煎の珈琲が楽しめる。自家製パンやスイーツをお伴に、西城の風景や芸備線の写真、書籍、和やかな語らいで時間を忘れてくつろげる。

㊒＜珈琲＞ 9:00 ～ 18:00
㊡＜珈琲＞火～木曜、＜宿泊＞年末年始
㊟広島県庄原市西城町西城 95-4
☎ 0824-82-2306
㊫＜宿泊＞1 泊 2 食付 7000 円～、幼児は半額
備後西城駅からの送迎あり（要予約）

▶備後西城駅から徒歩 10 分

食べる

お好み ゆみちゃん

（おこのみ ゆみちゃん）

西城産のお米を使ったお好み焼き
トマトとぽん酢でさっぱり

お米を使ったお好み焼き「庄原焼」。西城のお米は広島県最優秀賞の竹粉堆肥を使い、全国の米コンテストでも上位入賞を重ねる。ゆみちゃんの庄原焼ももちろん西城米を使う。野菜を数ヶ月間熟成した西城の郷土食「切り漬け」が入っているのもポイントだ。

㊔11:00 ～ 13:30、16:00 ～ 18:00
㊡月曜
㊟広島県庄原市西城町中野 1336-11
☎ 0824-82-2366

庄原焼。外はカリッと、中はふんわり。オリジナルのぽん酢ソースで召しあがれ♪

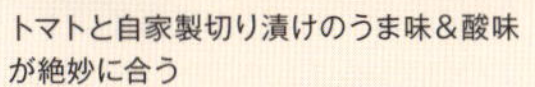

トマトと自家製切り漬けのうま味＆酸味が絶妙に合う

西城産の食材にこだわった肉玉そば（広島のお好み焼きのこと）も人気

芸備線が走る町

西城

（さいじょう）

清流とローカル線の町・西城。比婆山連邦を源とする西城川が城下町の中心を流れ、1 両の芸備線がコトコト走る。川を渡る鉄橋や小路の向こう、川沿いの桜を見ながら走る列車、列車に手を振る子どもたち。人々の暮らしと鉄道がとけあう風景に、心癒やされる。

▲西城川沿いの散策路を歩き桜と清流の眺めを楽しんでいると、列車の音が軽快に響いてきた A

▲甍の波のように黒い瓦屋根が並ぶ商店街を芸備線の列車がゆっくりと通る

がんばるぞー
鵜には川鵜(カワウ)と
海鵜(ウミウ)がいるよ

間近で見れるから迫力満点。灯りはカーバイト鉱石と水を反応させたガスを燃やす

川の合流点まで遊覧。西城川の方から瀬音が聞こえ、夕暮れの風が心地よい

馬洗川に暮れる夕日。この先の西城川・江の川と3つの川が合流する箇所で鵜飼をする

▶三次駅から徒歩15分

見る

三次の鵜飼

みよしのうかい

450年続く夏の風物詩 自然と文化と伝統の調和

鵜飼は水にもぐって鮎を捕らえる鵜の習性を利用した漁法。三次では永禄年間に尼子氏の落ち武者らが始めたと言い伝えられる。現在のような鵜舟を使った鵜飼は江戸時代に三次藩主浅野長治公が長良川の鵜飼を範に始め、鵜匠制度を敷いて保護した。その後大正時代に観光客が遊覧船で鵜舟と並走して鑑賞する現在のような観光鵜飼が始まった。平成27年に広島県無形民俗文化財の指定を受け、毎年夏に完全予約制で行われている。

鵜飼のことなら
何でも聞いて
ください

◀鵜匠上岡家5代目の上岡さん。三次では1人が8羽の鵜を操り、手縄の長さ6.75mと日本一

水の都･三次に
ぜひ来てくださいね

◀遊覧船の船頭を務める松木さん

▲香ばしい鮎の塩焼きは乗船場で焼きたてを販売

鮎寿し
純米酒
美和桜

▲赤穂義士が最初に作ったといわれ、300年以上の歴史を持つ三次の郷土食「鮎寿し」。酢漬けの鮎におからを使った甘めの味付けで甘口の地酒と相性抜群。三次駅横の三次交通観光センター売店で6～9月まで販売

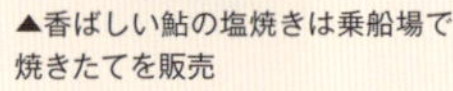

㋮毎年6月1日～9月10日　19:30～20:45
※下船後の鵜や鵜匠とのふれあいタイムを含む
※19:00までに受付にお越しください
※鵜飼まつり・花火まつりの日は一般予約の受付なし
※荒天時は運航なし
㋜広島県三次市十日市中 親水公園内 鵜飼乗船場
☎ 0824-63-9268（三次市観光協会）　Ⓟ有り
㋕完全予約制
<日～木曜>大人3000円、小学生1500円
<金・土曜>大人3300円、小学生1650円

▶三次駅からバス10分

湯本豪一記念（ゆもとこういちきねん） 日本妖怪博物館（にほんようかいはくぶつかん）（三次もののけミュージアム）

**日本にただ一つ
妖怪をテーマにした博物館**

三次が舞台の妖怪物語「稲生物怪録（いのうもののけろく）」関連資料や民俗学者で妖怪研究家の湯本豪一氏から寄贈された約5000点の資料を収蔵し、企画展を年4回行う。常設では稲生物怪録の様々な絵巻の展示や、デジタル技術を使ったインタラクティブな展示などが好評だ。

㊢9:30～17:00（入館は16:30まで）
㊡水曜（休日の場合は翌日）、年末年始（12/29～1/3）
㊟広島県三次市三次町 1691-4
☎0824-69-0111　Ⓟ有
㊮大人600円、高・大学生400円、小・中学生200円
㊫三次駅前から徒歩30分、バス10分「三次もののけミュージアム」バス停で下車

インタラクティブな作品体験で妖怪について学べる、チームラボ 妖怪遊園地

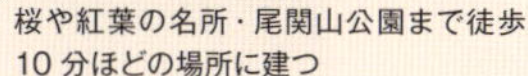

桜や紅葉の名所・尾関山公園まで徒歩10分ほどの場所に建つ

博物館前にはかつて芸備線・福塩線を走ったSLが静態展示されている

妖怪博物館の敷地から比熊山を望む。太歳神社と鳳源寺に登山口がある

平太郎がこの前で百物語をしたという山頂の「たたり岩（神籠石）」

中世三吉氏の比熊山城でもあり、巨大な本丸や曲輪などが残っている

▶三次駅からバス10分

比熊山（ひぐまやま）

**稲生物怪録の舞台となった山
主人公・稲生平太郎の足取りを体験**

実在の三次藩士・稲生武太夫、幼名・稲生平太郎が16歳のとき様々な妖怪の来襲に合う「稲生物怪録」。平太郎が比熊山に登ったのが怪異のきっかけという記述がある。標高331.8m、登山道は整備され30分ほどで登れるハイキングコースだ。

㊟広島県三次市三次町
☎0824-62-6150（みよし観光まちづくり機構）
㊫<太歳神社登山口まで>三次駅前から徒歩30分またはバス10分「三次もののけミュージアム」バス停（旧三次中学校前）徒歩6分

▶三次駅からバス 10 分

鳳源寺

三次浅野家の菩提寺
忠臣蔵ゆかりの古刹

三次藩祖・浅野長治が寛永10年(1633)に建立した浅野家の菩提寺。境内には大石内蔵助手植えと伝わる枝垂れ桜があり、毎年美しく咲く。浅野内匠頭正室・阿久利姫の遺髪塔や四十七士の木像を納めた義士堂など忠臣蔵ゆかりのものが多い。

㊟広島県三次市三次町 1057
☎ 0824-62-3680
㊇三次駅前から徒歩 30 分またはバス 10 分「三次もののけミュージアム」バス停(旧三次中学校前)徒歩 5 分

▲尾関山公園まで徒歩 10 分。春や秋に散策がてらお参りしてみては

◀紅葉の名所でもある。後ろに見えるのは義士堂

珈琲や日本茶などドリンク類のほか、カレーライスや年中提供する冷麺もおいしい

▶三次駅からバス 10 分

万茶房(卑弥呼蔵)

酒蔵跡に建つ和風カフェ。地野菜を主に手間ひま料理も予約で食べられる

もののけミュージアムの裏小路を抜けて石畳を北に歩くと煙突が目印の国登録有形文化財の旧万寿乃井酒造があり、敷地内に万茶房が見える。昼下がりにアートの本に囲まれてのティータイムが楽しめる。傍らに小宿「青猫」もある。

㊔木~日曜の 14:30 ~ 19:00(ランチ 2200 円、晩食 3300 円で時間外予約 OK)
㊡月~水曜
㊟広島県三次市三次町 1143-3 卑弥呼蔵
☎ 0824-63-1713 ㊣有
㊑<青猫(宿泊)>1 泊 2 食付 9790 円~、素泊まり 5500 円 コスプレ割引 8800 円~
㊇三次駅前から徒歩 30 分またはバス 10 分「三次もののけミュージアム」バス停下車徒歩 5 分

気さくであたたかいママさん。慕って訪れるファンも多い

城下町三次の中心だった三次町。万茶房は鉄蔵小路の一角に建つ

▶三次駅から徒歩 1 分

珈琲トラジャ（こーひーとらじゃ）

三次の駅前で 40 年近く 静かに過ごせる喫茶店

三次駅前にある落ち着いた雰囲気の老舗喫茶。ブレンドやストレートコーヒーのほか、自家製ケーキや軽食も楽しめる。壁には芸備線や旧三江線の写真が飾られ、芸備線の写真集などが置かれる。時間をとって訪れ、ゆっくりと過ごしたい。

㊒8:30 ～ 18:00（LO17:30）
㊡水・木曜
㊟広島県三次市十日市町南 1-4-2
☎ 0824-62-5393

黒毛和牛を使ったカレーライスはファンが多い

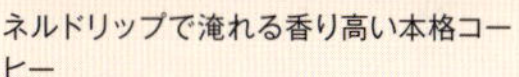

ネルドリップで淹れる香り高い本格コーヒー

三次駅前のロータリーに面したわかりやすい場所

グリルチキンと季節の野菜のランチ。フォカッチャとサラダを添えて

イギリス風にリフォームした店内

上川立駅のホームから店の入口が見える

▶上川立駅から徒歩 1 分

Cafe Mike and Shirley（まいく あんど しゃーりー）

駅からすぐ、米蔵のカフェで楽しむ イングランド家庭料理

地域で収穫した米を列車で出荷するために使われていた米蔵をカフェに改装。イギリス出身のカリーナさんと地元出身の曽根田さんご夫妻のイングランド料理が食べられる。イングリッシュブレックファストやアフタヌーンティーセットなど本格的だ。

㊒11:30 ～ 17:00
㊡月・火曜、第 2・4 日曜
㊟広島県三次市上川立町 2271-1
☎ 050-5535-0818
Ⓟ有

▶甲立駅から徒歩 20 分

こうたちこふん
甲立古墳

安芸国で最初の畿内色が強い古墳
家形埴輪が配置時の原位置で出土

4世紀後半に造られた前方後円墳で全長77.5m、後円部の直径は56m。後円部墳頂から、高床式など家形埴輪5基がほぼ当時の配列で確認された。高度な土木技術が用いられたため墳形が崩れずに残る。国の史跡に指定されている。

㊟広島県安芸高田市甲田町上甲立菊山
☎ 0826-42-0054（安芸高田市教育委員会）
Ⓟ有

平成 30 年度の発掘では葺石の基底石と後円部に登る隆起斜道が確認された

甲立古墳墳頂部。西側の尾根には中世・宍戸氏の柳ヶ城跡がある

手作り案内板のある登り口から 10 分ほど。登山道から見学できる

▶吉田口駅

ぷらっとはうす
プラットハウス

芸備線を見ながら熱々を食べる
駅の中にあるお好み焼き店

改札口横の待合室の一角で営業する。地元の人たちが“ぷらっと”立ち寄ったり、芸備線の利用客がお好み焼きを食べるために途中下車したり。一番の人気はもちろん広島風の「そば肉玉」だ。三次名物ピリ辛麺を使った唐麺焼もビールにもよく合っておすすめ。

㊢11:00 ～ 14:00、17:00 ～ 20:00
㊡月・第 1・3 木曜の 11:00 ～ 14:00、
　第 2・4 木曜は終日休み
㊟広島県安芸高田市甲田町下小原 300-2
☎ 080-2929-3481
Ⓟ有

そば、キャベツ、肉、たまご。お好み焼きは栄養バランスもバッチリ

目の前に停まる芸備線の国鉄型車両を見ながらお好み焼きを頬ばる

芸備線で行けばビールも飲める

▶向原駅から徒歩３分

向原花しょうぶまつり

約 90 種類 3000 株の花しょうぶ
特産グルメも楽しめる

向原の町花、色とりどりに咲く花しょうぶが毎年6月上旬に駅近くの花しょうぶ園で見頃を迎える。株分けや切り花の格安販売が行われ、向原の地酒「向井櫻」や柚子ビール、古代米のアイスクリームなど飲食バザーも楽しめる。

㊔毎年６月上旬ごろの２日間 ※安芸高田市観光協会ウェブサイトでご確認ください。（株分けはまつりの翌週日曜まで実施）
㊟広島県安芸高田市向原町坂
☎ 0826-46-7055
向原町観光協会事務局（安芸高田市観光協会内）
※ 2020 年度に移転のため電話番号が変更になる可能性があります
Ⓟ有
㊕無料

花しょうぶ畑から芸備線が見下ろせる。駅の近くだからスピードもゆっくり B

向原駅前に展示された SL（C58 形式）の動輪。芸備線でも活躍した

向原駅。駅の北 200m ほどに珍しい平地の分水嶺がある

▶白木山駅から徒歩 20 分

宮原観音（弁財天）

三篠川を見下ろす岸壁の上に建ち
人々の安全を見守って来た

芸備線が渡る三篠川を見下ろす小さな社。宮原観音と呼ばれ、古くから地元の崇敬を集めて来た。近年の調査でご本尊が弁財天であることがわかった。毎年4月29日に近隣の宮原集会所で例祭が行われる。

㊟広島県広島市安佐北区白木町三田
※民家のすぐ近くなので静かに参拝しましょう。
☎ 082-829-0631　三田郷土史研究会（川本）

▲舟運の時代から鉄道が走る現代まで、人々を水の災害から守ってきた

◀高さ 20m の岸壁の上に建つ。第一三篠川橋梁が目の前に架かる

▶白木山駅から徒歩５分

ならさきけいぞうかいどうきこうのひ
楢崎圭三開道紀功之碑

広島～三次の道路を建設整備 偉業を称えて建立

高田郡三田村（現・白木町三田）出身の楢崎圭三翁は、地域産業の振興のため明治16年（1883）広島～三次に全長65km、幅4mの道路を整備した。その偉業を顕彰し、5222人が寄せた募金で明治31年（1898）に碑が建立された。

㊟広島県広島市安佐北区白木町三田（ちびっこ広場内）
☎ 082-829-0631　三田郷土史研究会（川本）

▲道路は通称楢崎街道と呼ばれる。碑の揮毫は明治の三筆と称された日下部東作

◀大きなナラの木が碑を守るように立つ。傍らには福永荒神社が

ハイキングの途中、牛田山（広島県広島市東区）の中山中町分岐と大内越分岐の間の四等三角点に立つ。新幹線の車両基地の横を芸備線が走る（戸坂～矢賀）

▶狩留家駅から徒歩10分

順正寺（じゅんしょうじ）

武田信玄の叔父が開いた古城跡の古刹

天文5年（1536）武田信玄の叔父・四郎尉重信（僧名重順）が古城跡に真言宗として開基。当時は狩留家までが安芸武田氏、川を渡った三田が毛利氏の勢力範囲で国境の重要な場所だった。二代目住職道加の時代に浄土真宗に改宗した。

㊟広島県広島市安佐北区狩留家町4195
☎ 082-844-0010

袴垂（はかまだれ）と呼ばれる古城時代の石垣が往時を偲ばせる

順正寺の開基前、この場所には福寿院寿福寺という廃寺があった

行基作といわれる本尊薬師如来は現在石垣の下の薬師堂に安置

▲柔らかく、オイルで焼くとトロトロでクリーミーな味わい。生は甘みがありサラダにも

◀長年狩留家の土地になじみフルーツのようにみずみずしく育つ

▶狩留家駅から徒歩10分

狩留家なす収穫祭（かるがなすしゅうかくさい）

伝統野菜「狩留家なす」美味で珍しい緑色

狩留家の地で長年作られて来た伝統の地域野菜「狩留家なす」。毎年6月下旬から7月上旬の日曜日に、畑での収穫体験や料理研究家による実演・試食などをするイベントが開催される。広島県産応援登録制度に認証され、人気が増している。

㊖毎年6月下旬～7月上旬の1日
㊟広島県広島市安佐北区狩留家町3144
狩留家集会所
☎ 082-844-0826
（特定非営利活動法人NPO狩留家）

▶狩留家駅から徒歩 10 分

食べる

らーめんゆうざん
ラーメン遊山

地元はもちろん遠方のラーメン通も足しげく通う

しょうゆ豚骨スープにストレート麺。広島市内から通うファンも多い。夏期限定の「冷たいラーメン」は広島のつけ麺ブームの火付け役。二代目が創作した「カレーラーメン」も人気上昇中だ。

㊖11:00 ～ 15:00、16:00 ～ 19:00
㊡火曜、毎月 18 日 ※臨時休業もあり
㊟広島県広島市安佐北区狩留家町 2404-1
☎非公開
Ⓟ有

▲うま味を閉じ込めたチャーシュー、濃厚なスープをさらっと食べられる麺との相性が抜群

◀狩留家駅を見下ろす白木街道沿い。お昼どきには店の前に行列ができることも

広島藩主・浅野公の休息宿泊所

かるがほんじん
狩留家本陣

現在でも“広島市中心部から一番近い田舎”といわれる狩留家。町の名前の由来は「狩りをするために留まる家」という意味で、この地に大和朝廷が直轄の狩場と厨（くりや）、宿泊施設を設けていたためだといわれている。江戸時代、広島藩主・浅野公は領地巡回や狩留家での鷹狩りなどの折りには、割庄屋・黒川家を本陣としてご宿泊なさっていた。浅野公好みの襖絵など調度品や回遊式庭園などが今も残る。現在は個人宅で見学はできないが、狩留家の町の成り立ちを知る上で重要な場所である。

㊟広島県広島市安佐北区狩留家町 3544-1

狩留家本陣の外観。割庄屋とは、近隣の庄屋を束ねる大庄屋のこと

社倉整備の褒美として嘉永 5 年（1852）に浅野公から贈られた狩野永叔筆の掛け軸

▶安芸矢口駅から徒歩 6 分

谷口屋書籍雑貨店（芸備書房）

たにぐちやしょせきざっかてん

セレクトした本と雑貨を おいしいコーヒーと共に

人文、交通系を始め多彩なジャンルの古書1万冊を扱う。特に中東関連の本の品揃えは広島で随一。少部数の自主制作本のコーナーや、店主が世界中を回って集めた陶器などの雑貨も並ぶ。カウンター席・テーブル席でドリンクも楽しめる。

㊖13:30 ～ 21:30
㊡火・水曜
㊟広島県広島市安佐北区口田南 7-13-12
☎ 080-3523-9165
Ⓟ2 台

▲旧三江線沿線特産の日本茶や店主お気に入りの中国茶などドリンクも充実

◀月数回、鉄道や交通好きが集まり歓談する「交通カフェ」を開催

道後山～備後落合

中国地方で最も高い橋梁

第一小鳥原川橋梁

だいいちひととばらがわきょうりょう

高さ 30m、中国地方一の高さを誇る鉄橋で昭和 11 年（1936）に完成。道後山駅は芸備線内最高地点 611m にあり、この付近は 25 パーミルの急勾配となっている。

西城川上流の小鳥原川と国道 183 号をまたぐ Ⓑ

東城～備後八幡

砂鉄を運んだトロッコ線路

製鉄所専用線跡

せいてつしょせんようせんあと

この地方で盛んだったたたら製鉄の精錬工程で不要となった鉄滓を主原料に、大正期に洋式製鉄が始まった。備後八幡駅近くには帝国製鉄竹森工場があり、鉄滓と共に使う砂鉄を専用線のトロッコで駅まで運んでいた。現在工場の敷地には広島和田金属工業東城工場が建つ。

今は使われなくなった専用線の鉄橋跡が車窓から見える

Fukuen Line

福塩線

福山—塩町
（広島県福山市）（広島県三次市）
78.0km 全27駅

どこか懐かしい備後の田園と町並み 電車から気動車に乗り換えて山あいへ分け入る

大正3年（1914）両備軽便鉄道として福山から府中の間に開業。軽便鉄道とは低規格で安価に建設した鉄道のこと。昭和2年（1927）に電化、昭和8年に国の買収を受けて国有化し昭和13年に全通。戦後、線路やポイントなどは改修して近代化された。府中から南は電化区間で電車が走り、北は非電化区間で気動車が走る。現在では府中で必ず乗り換えとなり、電車と気動車両方に乗れる珍しい路線だ。電車からは閑静な住宅街と田畑の風景、気動車に乗り換えてからは芦田川沿いの山間部を進み駅間も長くなる。沿線は古代山陽道や西国街道で人馬の往来があった神辺、府中や銀山街道の中継地で天領として賑わった上下など歴史の古い街が続き見どころにも富む。上下以北は自然景観にも恵まれ、川を利用した野外活動が楽しめる。山地酪農も行われている。

田植えが終わったばかりの田を見下ろしながらキハ120形の気動車が進む（甲奴～梶田） B

福塩線路線図

岡山県
広島県
中国自動車道
芸備線
三次
塩町
三良坂
吉舎
備後安田
梶田
甲奴
上下
備後矢野
備後三川
八田原トンネル
(6,123m)
福塩線
河佐
中畑
下川辺
府中
鵜飼
高木
新市
上戸手
戸手
近田
駅家
万能倉
道上
湯田村
神辺
横尾
備後本庄
福山
尾道自動車道
山陽自動車道
山陽新幹線
山陽本線
三原
呉線

福塩線交通連絡表

福山	山陽新幹線			
	JR 山陽本線			
	バス	中国バス	084-953-5391	
		※駅前から高速バス（広島、東京、神奈川、福岡、愛媛）・路線バス有		
		井笠バスカンパニー	0865-67-2213	
神辺	井原鉄道			
	バス	中国バス	084-953-5391	
		井笠バスカンパニー	0865-67-2213	
新市	バス	中国バス	084-953-5391	
	タクシー	中国タクシー	0120-522-445	
高木	バス	中国バス	084-953-5391	
	タクシー	中国タクシー	0120-522-445	
府中	バス	中国バス	084-953-5391	
	タクシー	中国タクシー	0120-522-445	
備後矢野	バス	中国バス	084-953-5391	矢多田バス停
		高速バス（広島：ピースライナー）		矢野温泉口バス停
上下	バス	中国バス	084-953-5391	
		高速バス（広島：ピースライナー）		
甲奴	バス	中国バス	084-953-5391	
		高速バス（広島：ピースライナー）		
	タクシー	甲奴タクシー	0847-67-2221	
吉舎	タクシー	十番交通	0824-43-2010	
三良坂	バス	中国バス	084-953-5391	
	タクシー	三良坂タクシー	0824-44-3145	
塩町	JR 芸備線			
	バス	備北交通	0824-72-2122	

※駅、交通機関等は主なものを掲載しています。
※ 2019 年 10 月現在の状況です。運行ダイヤ・ルートが変更される場合もあります。事前に HP などでご確認ください。
※バス路線によっては日曜・祝日運休のものもあります。事前にご確認ください。
※タクシー会社が定休日の場合や、台数に限りがある場合があります。事前のご予約をおすすめいたします。

井笠バス
カンパニー

中国バス

備北交通

※ QR コードが読みづらいときは、スマホの画面をピンチイン（拡大）すると読みやすくなります。

国鉄時代からの黄色い電車が、桜の横で大きくカーブを描いて下っていく（神辺～湯田村） C

朝の光が、萌え始めた草木をつつむ。トンネルを抜けた目に、春がまぶしい(備後安田～吉舎) B

Fukuen Line

緑の勢いが増す季節。芦田川中流域の険しいV字渓谷にへばりつくように列車が走る(下川辺～中畑) F

富士山(とみしやま)の紅葉が朝もやに包まれ、列車は高校生を乗せて急ぐ(吉舎～三良坂) F

単線の長い長いトンネルをやっと抜けた。ほっとして車窓に目をやると河佐峡の穏やかな景色が見えた（備後三川～河佐） C

馬洗川の流れがいっそう静かになる季節。雪が辺りの物音を吸い込んで、列車が橋梁を渡る音だけが響いて来た（三良坂～塩町） B

▶神辺駅から徒歩 10 分

かんなべほんじん
神辺本陣

旧山陽道の宿場町神辺における筑前黒田家の常宿

神辺は旧山陽道の宿場町として栄え、江戸時代には参勤交代の大名が休泊した。東西二つの本陣のうち西本陣・尾道屋菅波家の主要建物が現存する。筑前黒田家専用の休泊所で11代当主信道が安政7年（1860）に著した菅波信道一代記の記述と一致して貴重だ。

㊡土・日曜、祝日の 10:00 ～ 16:00
㊡月～金曜、お盆、年末年始
※平日および団体は 1 週間前までに要予約
㊟広島県福山市神辺町川北 528
㊕土・日曜、祝日の個人は無料。
平日および団体は有料
※神辺観光協会に要問い合わせ
☎ 084-963-2230（神辺観光協会）

▲酒屋を営んでいた西本陣。黒塗りの土塀に囲まれ、延享 5 年（1748）建築の建物が当時の姿をそのまま伝えている

◀本陣の座敷はＬ字型に並び、御成の間・二の間など大名を迎える格式を有している

▶神辺駅から徒歩 15 分

れんじゅく
廉塾

神辺出身の儒学者・菅茶山が多くの弟子を育てた学び舎

江戸時代の儒学者で漢詩人の菅茶山が開いた私塾。全国から集まった塾生らを自ら指導し、頼山陽らを輩出した。敷地内に講堂や塾生らが生活した寮舎、居宅のほか、塾生のための菜園・養魚池などが現存する。国の特別史跡に指定されている。

㊡土・日曜、祝日の 10:00 ～ 16:00
㊡月～金曜、お盆、年末年始
※平日および団体は 1 週間前までに要予約
㊟広島県福山市神辺町川北 640-3
㊕土・日曜、祝日の個人は無料。
平日および団体は有料
※神辺観光協会に要問い合わせ
☎ 084-963-2230（神辺観光協会）

▲この講堂で講義を行った。手前のしだれ柳は菅茶山が漢詩に詠んだもの

◀“水は方円に通ず”を塾生らに理解させるために置いた「方円の手水鉢」

▶神辺駅から徒歩 15 分

買う

茶山饅頭総本舗 谷口屋

（ちゃざんまんじゅうそうほんぽ たにぐちや）

慶応元年創業の老舗和菓子店 後を引かない上品な甘さ

慶応元年創業の老舗。「茶山饅頭」は四代目が創作し、看板商品となった。現在の店主が平成28年（2016）に七代目を襲名した記念に、「茶山饅頭」専用の抹茶を地元の岡田園と共同開発した。毎日、その日のぶんだけ挽き立てを仕入れている。

㊖9:00 ~ 18:00
㊡水曜
㊟広島県福山市神辺町川北 641
☎ 084-962-0236

▲二種類の砂糖と豆を使った白あんをほろ苦い抹茶の生地で包んだ「茶山饅頭」

◀店舗は廉塾の隣。菅茶山から五代目の子孫と幼なじみだった四代目が茶山饅頭を発案

▶神辺駅から徒歩 15 分

天寶一

（てんぽういち）

明治 43 年創業の地酒蔵 スッキリした味わいの食中酒

神辺の地酒といえばこの天寶一。100年以上続く酒蔵だ。柔らかな中にもキレのある酒は料理を引き立て、瀬戸内の小魚料理にもよく合う。地下200mから汲みあげる超軟水で仕込み、少数精鋭で丁寧な造りを行っている。

㊖8:00 ~ 17:00
㊡土・日曜、祝日
㊟広島県福山市神辺町川北 660
☎ 084-962-0033

▲店頭では主に地元向けの酒が買える。季節によっては店頭のみの限定販売品も

◀廉塾のある通りに蔵が面している

▶新市駅

新市駅（しんいちえき）

待合室を特産のデニムで装飾
インスタ映えで魅力発信

駅のある新市町は国内シェア50%のデニムの町。町の魅力を発信しようと、地元の福山新市ライオンズクラブが地元産のデニムを使って待合室をリニューアルした。別の壁面には地元の名所旧跡や伝統行事などの写真を展示している。

㊟広島県福山市新市町新市513－2

国産杉材の壁面をカイハラ株式会社製のデニムとヒッコリーで彩る

デニムをバックに記念撮影。ここでインスタ映え写真を撮ってみては

展示写真は時々入替をする。福山新市ライオンズクラブ写真コンテストの受賞作も展示予定

▶高木駅から徒歩５分

蒸気機関車 C56106 号（じょうききかんしゃ しーごーろくいちぜろろくごう）

児童公園内に静態展示
子どもたちの人気の的

高木駅から南に300mほどの国府児童公園の敷地内に蒸気機関車が展示されている。木次線などで活躍したC56-106号だ。昭和12年（1937）の製造で、計168万2000kmを走り、昭和48年（1973）に廃車になった。

㊟広島県府中市高木町1898
☎0847-43-7236（管理者：府中市土木課）

▲階段が設置され内部を見学できるようになっている

◀枕木はコンクリート製

▶府中駅から徒歩５分

府中焼 一宮

（ふちゅうやき いっきゅう）

上質のひき肉を使ったお好み焼き
ソースによく合うこんがりと香ばしい風味

広島風のお好み焼は豚三枚肉を使うが、府中焼はひき肉を使うのが特徴だ。中でもここ一宮は黒毛和牛のひき肉にこだわっている。うま味あふれる脂で表面はカリッと、たっぷりのキャベツで中はふわっと焼き上がる。お好み通がうなる味だ。

㊟11:00 ～ 14:00、17:00 ～ 21:00（LO20:30）
㊡木曜
㊟広島県府中市府中町 559-2 キテラスふちゅう南館内
☎ 0847-54-2419

▲パリパリの食感が新鮮！こちらのシングルサイズで物足りない人はダブルサイズもある

◀焼き上がるまで 20 分ほど。華麗なヘラさばきは見ているだけで飽きない

▶河佐駅から徒歩 15 分

河佐峡

（かわさきょう）

芦田川のせせらぎに癒やされて
川遊びやキャンプが楽しめる

芦田川上流の渓谷に整備された水辺公園で、夏を中心にキャンプや川遊び、釣りなどが楽しめる。自然の岩を利用したせせらぎで、旅の途中にしばし休むのもいい。園内にはウォーターライダーや釣り堀があり、八田原ダムや河佐峡パークゴルフ場が近い。

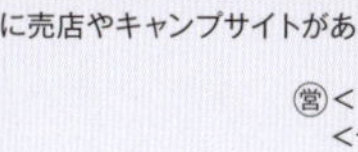

▲目印の赤い橋を渡ったところに売店やキャンプサイトがある

◀河佐峡パークゴルフ場までの遊歩道は不要となった枕木が使われている

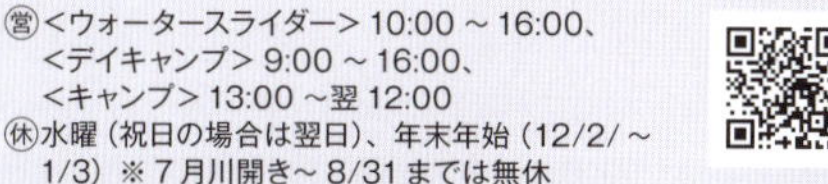

㊟<ウォータースライダー> 10:00 ～ 16:00、<デイキャンプ> 9:00 ～ 16:00、<キャンプ> 13:00 ～翌 12:00
㊡水曜（祝日の場合は翌日）、年末年始（12/2/ ～ 1/3） ※７月川開き～ 8/31 までは無休
㊟広島県府中市諸毛町 Ⓟ有
☎ 0847-49-0344（河佐峡管理事務所）
㊮<ウォータースライダー> 1 日 550 円、<釣り堀>釣り具・餌 300 円、ニジマス 1 匹 300 円、<デイキャンプ> 1 区画 550 円、<キャンプ> 1 区画 1100 円

福塩線

▶河佐駅から徒歩35分

八田原ダム（はったばらだむ）

芦田川をせき止める治水・利水ダム
福塩線八田原駅が湖底に沈む

世羅郡世羅町から府中市諸毛町にかけて平成10年（1998）に建設された湛水面積2.61㎢、総貯水量6000万㎥の重力式コンクリートダム。自由に見学でき、エレベーターでダムの中に入ることもできる。建設に当たり福塩線の付替が行われ、八田原駅を廃止して長さ6,123mの八田原トンネルが新設された。

㊋9:00～16:00
㊡年末年始（12/29～1/3）
㊟広島県世羅郡世羅町小谷 1100-1
（八田原ダム管理所）
☎0847-24-0490（八田原ダム管理所）
Ⓟ有　㊕無料
㊯河佐駅から河佐峡遊歩道経由で徒歩35分または自動車等
※遊歩道は山の中を通るため春～秋はマムシ・ハチなどに注意

高さ84.9m。エレベーター降り場から外に出る連絡通路は長さ51m

表層の水を循環させ水質低下を抑える噴水装置

旧線の踏切跡。右奥には旧トンネル跡が見える

ダムの手前の遊歩道には、付替前の福塩線旧線跡のレールと枕木が

▼八田原ダムによってできた芦田湖。右手奥に見える八田原大橋の手前あたりに八田原駅があった

▶河佐駅から徒歩 35 分

見る

遊学館（ゆうがくかん）

八田原ダムについて学べる入館自由の展示館

八田原ダム管理所に隣接した八田原ダムの資料館。芦田川や八田原ダムの映像を上映したり、ダム建設の経緯やダムの持つ機能や仕組みについてわかりやすくパネル展示を行ったりしている。八田原駅廃止時の記念品も展示されている。

㊔9:00 ～ 16:00 ㊡年末年始（12/29 ～ 1/3）
㊟広島県世羅郡世羅町小谷 1100-1（八田原ダム管理所隣）
☎ 0847-24-0490（八田原ダム管理所） Ⓟ有
㊋河佐駅から河佐峡遊歩道経由で徒歩 35 分または自動車等 ※遊歩道は山の中を通るため春～秋はマムシ・ハチなどに注意
㊕無料

ダム管理開始から 20 年を記念し平成 31 年（2019）2 月に展示をリニューアル

遊学館横の「夢の山水」。福塩線付替トンネル工事の斜坑からの湧水

JR 八田原駅廃止式の記念品（左）。レールの形をしている

福塩線

ダム建設で廃止になった請願駅

八田原駅（はったばらえき）

八田原駅は地元の熱心な請願活動の末、昭和 38 年（1963）10 月河佐駅と備後三川駅の間に開業。ところが昭和 42 年に持ち上がったダム建設計画に駅と周囲 8km の線路が含まれ、水没することとなった。平成元年（1989）5 月 2 日、駅ホームの上で甲山町主催の「八田原駅廃止式」が行われた。

▲八田原駅を出発する 733D（昭和 59 年（1984）3 月 / 長船友則氏撮影 / 広島県立文書館寄託）

▲在りし日の八田原駅（昭和 59 年（1984）3 月 / 長船友則氏撮影 / 広島県立文書館寄託）

◀ホームにあった駅名標は現在八田原郷土民俗資料館横に保存

びんご矢野駅

駅舎の中で名物うどん
福の縁をつないでいこう

昭和58年(1983)に無人駅となった備後矢野駅の駅舎を翌年から地元住民らが借り受け、週末を中心に、食堂・喫茶や売店、休憩スペースとして活用する。福塩線にかけた「福縁阡うどん」が看板メニュー。駅に人が集うあたたかみがうれしい。

㊒10:00~16:00
㊡月～水曜、木曜は不定休
㊟広島県府中市上下町矢多田360
☎0847-62-2138　Ⓟ有
㊛広島方面から高速バスピースライナー矢野温泉口バス停下車徒歩 10 分。駅から上下方面へ徒歩 15 分の矢多田バス停から中国バス府中上下線を利用可能(上下駅前～道の駅びんご府中を運行･現金で払う場合のみ上限額 500 円のワンコイン制度あり)

リンリン♪
鈴が可愛いお守り付きもあるよ♪

よもぎ、きび、梅の３色の餅をトッピングした福縁阡うどん

昭和14年(1939)築の木造駅舎。赤ポストと並んだ「幸せの黄色いポスト」が目印

奥の小上がりからは
ホームが見えるよ

手作りの木工製品やお土産も販売

鉄道に関するグッズも展示する

ホームに鎮座する「福縁阡布袋」さん。願いを書いた短冊を結ぼう

緑豊かな矢多田川沿いをゆく（備後三川～備後矢野） B

通学列車が行き違い、朝の駅は活気づく（備後矢野駅） F

▶上下駅から徒歩５分

白壁の町並み

江戸時代に天領として栄えた上下
歴史的景観にロマンを感じて

各地への街道が集まる上下は、江戸時代には幕府直轄の代官所が置かれ、その後は石見銀山大森代官所の出張り陣屋として大いに栄えた。当時の威容を偲ばせる白壁やなまこ壁の豪商屋敷が並ぶ町並みに、今もメインストリートとして多くの商店街が軒を連ねる。

㊟広島県府中市上下町上下
☎ 0847-62-3999（府中市立上下歴史文化資料館）

▲上下は天領であり、石見銀山へ続く石州街道が通った。豪壮な建物群が目を引く

◀後方に見える上下キリスト教会は明治期の建築。広島県文化百選建築物に選ばれている

▶上下駅から徒歩 10 分

旧片野製パン所

国登録有形文化財に指定された
昭和初期の洋風建物

昭和9年（1934）に建てられたモルタル造りの洋風建物。入口にローマ字で「KATANO」とレリーフをデザインし、1階はアーチ型、2階は縦長の窓で窓の上部と建物の角に装飾を施している。平成30年（2018）に国の登録有形文化財に指定された。

㊪イベントのときのみ公開
㊟広島県府中市上下町上下翁1090－3
☎ 0847-62-3999（府中市立上下歴史文化資料館）

▲広島出身の杉野希妃・主演監督映画「雪女」（2017）のワンシーンにも登場する

◀普段は使われていない内部の様子。現在は道路向かいでピザハウスビットリオを営業

▶上下駅から徒歩 10 分

見る

おきなざ
翁座

**大正時代に建てられた木造芝居小屋
中国地方では唯一現存**

大正14年（1925）に建てられた木造二階建ての芝居小屋で、地元棟梁が京都・東京へ通い江戸末期の歌舞伎劇場の様式に倣って設計された。戦前は歌舞伎もできる芝居小屋、戦後は上下初の映画館として親しまれた。現在は市の所有となり見学会などで公開される。

㊥イベントのときのみ公開
㊟広島県府中市上下町上下 2077
☎ 0847-62-3999（府中市立上下歴史文化資料館）

▲京都の南座を模して造られた格天井（ごうてんじょう）。客席は枡席、舞台は回り舞台となっている

◀上下高校演劇部だった俳優の故平幹二朗さんもよく通ったそう

福塩線

▶上下駅から徒歩 5 分

見る

ぶんすいれい
分水嶺

**福塩線内最高地点、標高 383.74m
山陰山陽の分水嶺**

上下が分水嶺の地であることが地名の由来とされる。上下町の矢多田川は芦田川に合流して瀬戸内海へ、上下川は江の川に合流して山陰側へと流れる。標高400m足らずの山陽側から中国地方の脊梁たる中国山地を越えて日本海へ注ぐのは珍しい。

㊟広島県府中市上下町上下
☎ 0847-62-3999（府中市立上下歴史文化資料館）

▲駅から南に 260m ほどのところに分水嶺の看板がある B

◀上下駅のホームに福塩線内最高地点の標識が立つ

▶上下駅から徒歩 1 分

お食事処 ことぶき（寿旅館）

（おしょくじどころ ことぶき）

上下産の素材にこだわった
ご当地グルメ「ぎゅ～そば」

野津田農園のそば粉や藤岡牧場の上下牛モモ肉など、上下産の素材を使った「ぎゅ～そば」が人気メニュー。ちらし寿司は甘めの味付けでお代わりしたいおいしさだ。上下駅前の広場に面しており、旅館も併設する。

㊔11:30 ～ 16:00
㊡不定休
㊟広島県府中市上下町上下 844-4
☎ 0847-62-3226
Ⓟ有
㊕＜宿泊＞1 泊朝食付 6,500 円～、素泊まり 5500 円

▲上下牛の持ち味を生かすシンプルな味付け。ちらし寿司とのセットのほか、単品もある

◀白壁になまこ壁の上下らしい趣ある外観

▶甲奴駅から徒歩 0 分

美里歩

（おりーぶ）

創業20年以上、駅舎内のお店
中休みなしでお好み焼きが食べられる

甲奴駅の改札を出てすぐ右に入口がある。店名の「美里歩」は、“美しい里を歩いてください” という意味。中休みなしの営業で、福塩線で15時台に立ち寄っても食べられるので安心だ。気さくな常連さんらと話して甲奴のいいところを教えてもらおう。

㊔11:00 ～ 22:00
㊡月曜
㊟広島県三次市甲奴町本郷 639-2
☎ 0847-67-3517

▲ビールによく合うそば肉玉の広島風。甲奴の地酒・芳醇な味わいの瑞冠（ずいかん）も飲める

◀屋根瓦に「こうぬ」の文字が入る木造駅舎内のスペースで営業。地元の人たちが集まる

▶甲奴駅から徒歩 10 分

三次市甲奴健康づくりセンター ゆげんき

（みよししこうぬけんこうづくりせんたー　ゆげんき）

敷地内の源泉から湧出する甲奴温泉と手作りのランチやカフェメニュー

ラドンが豊富な甲奴温泉が敷地内に自噴。浴室と、水中ウォーキングなどができるバーデプールがありどちらも温泉水を利用する。地元の女性団体が運営する軽食コーナーは食事のみの利用もできる。手作りランチや持ち帰りもできるカツサンドがおすすめ。

▲平成 30 年（2018）にオープンしたきれいな浴室

▼地元の野菜をたっぷり使った日替わりランチ。お母さんの味が旅の途中にうれしい

㊖＜プール・浴室・トレーニング室＞10:00 ～ 21:00（最終受付 20:00）、＜軽食コーナー「ピーナッツ」11:00 ～ 15:00＞
㊡月曜（祝日の場合はその後直近の休日以外の日）、年末年始（12/29 ～ 1/3）※臨時休館日あり
㊟広島県三次市甲奴町西野 592　☎ 0847-67-5019　Ⓟ有
㊕＜プールと浴室＞一般 500 円、高齢者 400 円、中学生以下 200 円　＜トレーニング室＞一般 300 円、高齢者 200 円、中学生 100 円　＜全館利用＞一般 600 円、高齢者 500 円、中学生 300 円　※高齢者は 65 歳以上　※トレーニング室は小学生以下は不可　※障がい者等は無料　※中学生以下はプールでは高校生以上の同伴者要

コク深いスープの担々麺。めん類のほか定食や丼物など多彩なメニュー

入口脇に宿泊階に上がる階段がある

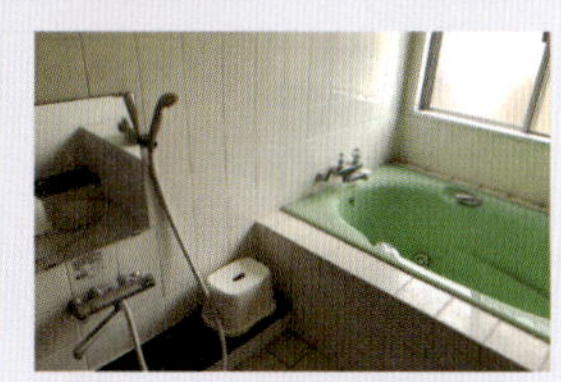

お風呂もシャワーもラドン豊富な甲奴温泉の湯。現在は宿泊客のみ利用可

▶甲奴駅から徒歩 10 分

喫茶プレゴ

（きっさぷれご）

温泉旅館が前身の温泉が湧く喫茶店 食事もお酒も飲めて、宿泊もできる

先代が運営していた和風温泉旅館を洋風喫茶店へリニューアル。1階は個室宴会場も備えた喫茶店、2階は宿泊施設で、浴室は甲奴温泉を使用する。喫茶店は食事のほか季節の海の幸などお酒に合うメニューも豊富にある。備後地域特産のワニの刺身（サメ）があることも。

㊖＜喫茶＞11:00 ～ 22:00
㊡＜喫茶＞日曜・祝日 ※予約があれば営業可
㊟広島県三次市甲奴町西野 545-2
☎ 0847-67-2345　Ⓟ有
㊕素泊まり 4000 円（入湯税 150 円、消費税 10% 別）、食事別（喫茶店で自由に注文）

▶三良坂駅から徒歩 10 分

三良坂平和美術館

(みらさかへいわびじゅつかん)

三良坂町出身の洋画家
柿手春三の作品を常設展示

三良坂町出身で平和をテーマにした社会的な作品で知られる洋画家・柿手(かきて)春三(しゅんぞう)の作品を収蔵し、年3回に分けテーマに合わせ常設展示している。企画展は地域の芸術家の個展やグループ展を約一ヶ月ごとのスパンで開催する。

㊔9:00 ～ 17:00（入館は 16:30 まで）
㊡月曜（祝日・振替休日の場合は開館）、年末年始（12/29 ～ 1/3）※展示替のため臨時休館あり
㊟広島県三次市三良坂町三良坂 2825
☎ 0824-44-3214　Ⓟ有
㊕<常設展示>大人 150 円、団体（20 人以上）1 人 120 円、高校生以下・65 歳以上・障がい者手帳等保持者は無料　<企画展（常設展の入館料含む）>展覧会ごとに設定

▲瀟洒な赤レンガ造りの建物に、ハトと子どもの大型レリーフが目印

◀ロビーで頂くコーヒー。オリジナルの洒落たトレイに心なごむ

▲彩膳 7 品。肉厚の油揚げにたっぷりの野菜をはさんだ野菜サンド揚巻が最高！

◀クーラーバッグと保冷剤持参で豆腐を買って帰る人も多い

▶三良坂駅から徒歩 10 分

佐々木豆腐店 お食事処豆遊

(ささきとうふてん　おしょくじどころまめゆう)

豆腐一筋 125 年の老舗が運営
新鮮な豆腐づくしの献立が楽しめる

明治27年（1894）創業の老舗豆腐店が出来たての新鮮な豆腐・大豆製品を食べられるお食事処を運営する。三次産大豆を主原料とした手作りの地豆腐を使い、定食のほか、湯葉の天ぷらなど7 ～ 8品が並ぶ膳がおすすめ。店舗では製品も買える。

㊔<店舗> 10:00 ～ 18:30、
<お食事処> 11:00 ～ 15:00（14:30LO）
㊡月曜
㊟広島県三次市三良坂町三良坂 2610-16
☎ 0824-44-2662

Ⓟ有

▶三良坂駅から徒歩５分

食べる

みらさか　こーひー

mirasaka coffee

自然のぬくもりを感じる洒落た空間で ほっとするティータイムを

大正時代に建てられた元銀行の建物を改装した、ナチュラルでアートな香り漂うカフェ。一杯ずつハンドドリップで淹れるコーヒーやラテ、三良坂とその周辺の素材を使ったケーキなどが楽しめる。旅の途中に立ち寄りたくなる、洒落ているけど気取らない場所だ。

㊤7:00 ~ 18:00
※営業時間外の貸切も可（要予約）
㊡火曜
㊟広島県三次市三良坂町三良坂 804
☎ 050-5535-0885
Ⓟ有

地元三良坂フロマージュの新鮮なチーズと広島レモンを使ったみらさかチーズケーキ

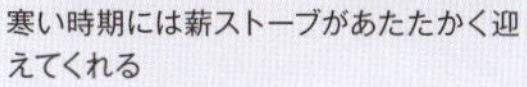

寒い時期には薪ストーブがあたたかく迎えてくれる

店は商店街の中心。銀山街道三次・吉舎の間宿だった宿場町の面影が残る

福塩線
車窓ポイント

吉舎～三良坂

のんびり草を食む

牛（うし）さんこんにちは

広がる田園と牛ののどかな風景に和む C

ひょっとしたら所々で放牧されている牛が田んぼの草を食べているところが見えるかも。車窓から出会えたらラッキー！

吉舎～三良坂

あっと驚く大きさ

巨大（きょだい）な牛乳（ぎゅうにゅう）パック

座席で牛乳を飲みながら記念撮影したくなる B

窓の外に大きな牛乳パックが！！実は牛乳店の建物。三階建だから遠くからもよく見える。

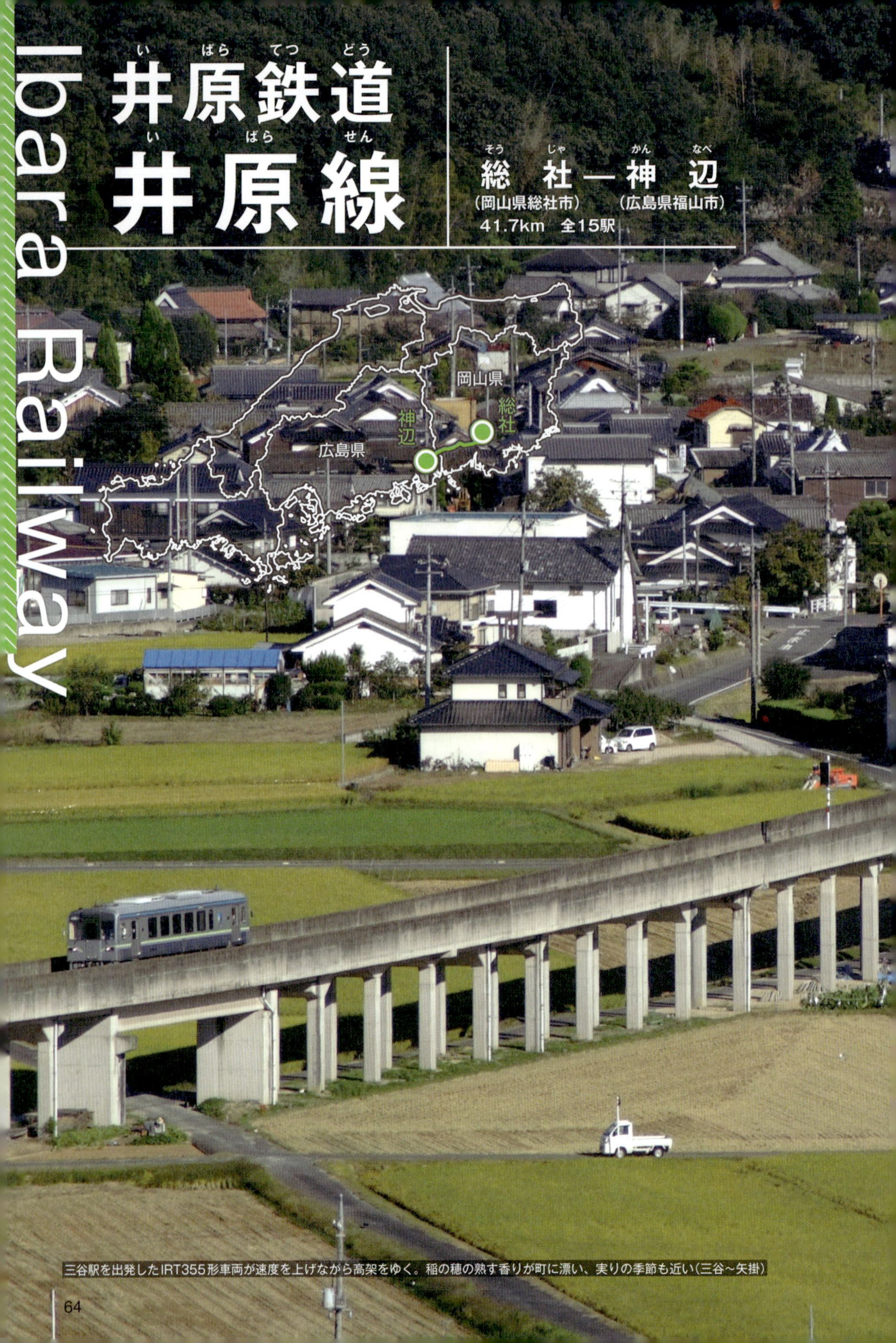

Ibara Railway

井原鉄道
井原線

総社―神辺
(岡山県総社市)　(広島県福山市)
41.7km　全15駅

三谷駅を出発したIRT355形車両が速度を上げながら高架をゆく。稲の穂の熟す香りが町に漂い、実りの季節も近い(三谷～矢掛)

旧街道をたどるように走る
途中下車の旅が楽しい路線

平成11年1月11日に開業し、最初の営業列車は11時11分11秒で"1"が揃ったときに出発した。第3セクター鉄道で、総社駅から清音駅まではJR伯備線との共用区間。全線単線・非電化で気動車が運行する。井原線は沿岸から約15km入った内陸部を東西に走っており、井原駅以東、全体のほぼ2/3が高梁川水系小田川流域にある。軌道の6割が高架で、左右に広がる風景を展望できる。平成30年7月の西日本豪雨では真備町が大きな浸水被害を受け、井原線も2ヶ月間運休したがその後は通常運行している。路線は旧山陽道・西国街道とほぼ経路を同じくし、宿場町など長い歴史を偲ばせる町をつなぐ。本陣が現存する矢掛、藍染めからデニムの聖地となった井原、古代の賢人・吉備真備を輩出した真備など、沿線は文化の薫りが高い。開業記念日の1月11日に近い日曜日に毎年「井原線感謝デー」として各駅とその周辺でイベントが開かれる。

井原鉄道路線図

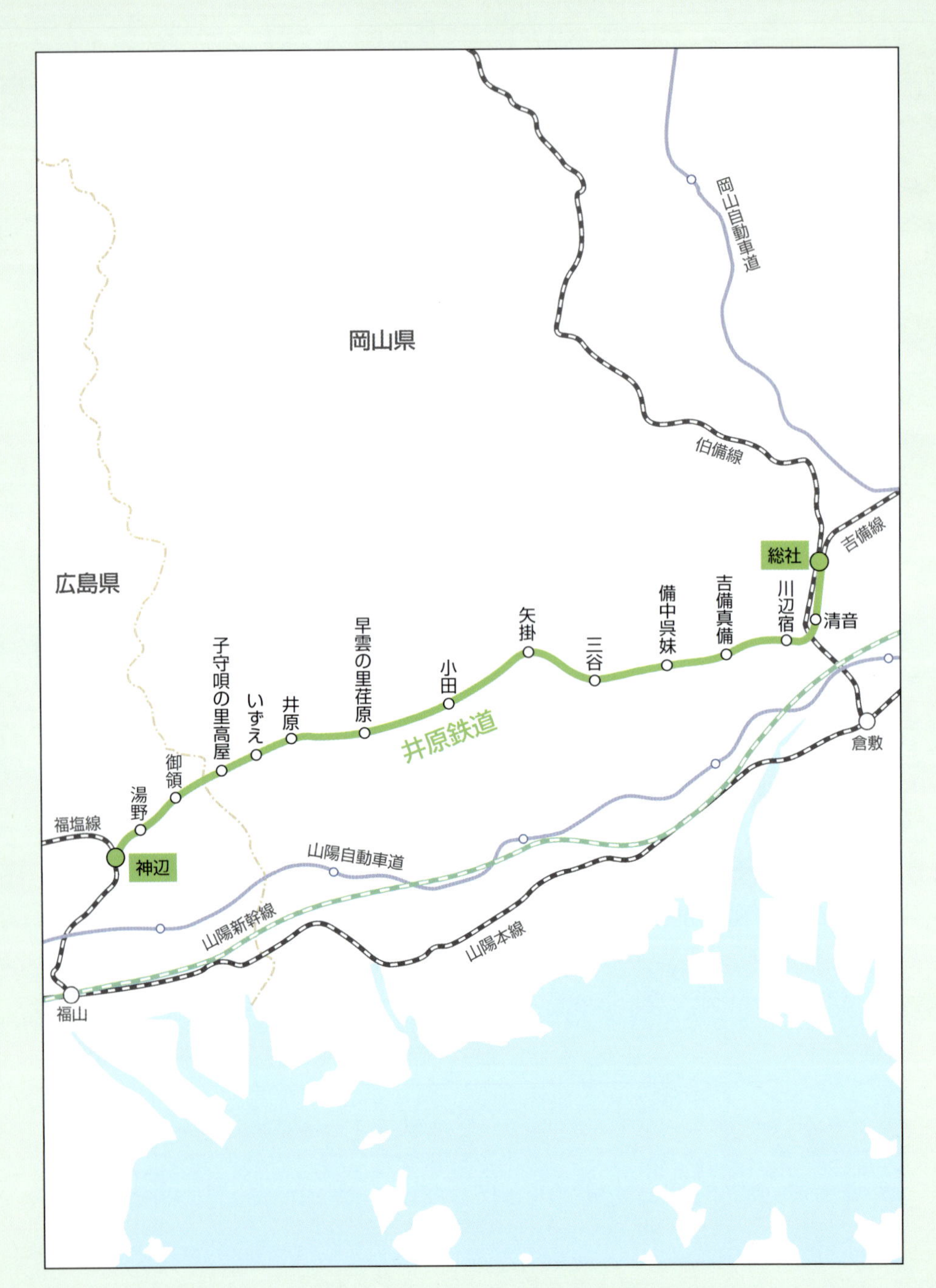

岡山県
広島県
岡山自動車道
伯備線
吉備線
総社
清音
川辺宿
吉備真備
備中呉妹
三谷
矢掛
小田
早雲の里荏原
井原
いずえ
子守唄の里高屋
御領
湯野
神辺
福塩線
井原鉄道
倉敷
山陽自動車道
山陽新幹線
山陽本線
福山

井原鉄道交通連絡表

総社	JR 伯備線			
清音	JR 伯備線			
	タクシー	日の丸タクシー	086-698-1288	
川辺宿	タクシー	真備コミュニティタクシー	086-698-1288（日の丸タクシー）	日祝運休
		日の丸タクシー	086-698-1288	
吉備真備	タクシー	真備コミュニティタクシー	086-698-1288（日の丸タクシー）	日祝運休
備中呉妹	タクシー	真備コミュニティタクシー	086-698-1288（日の丸タクシー）	日祝運休
矢掛	バス	井笠バスカンパニー	0865-67-2213	
		北振バス	0866-83-1289	
早雲の里荏原	バス	井原あいあいバス	0866-83-1289（北振バス）	12/29 ~ 1/3 運休
井原	バス	井笠バスカンパニー	0865-67-2213	
		井原あいあいバス	0866-83-1289（北振バス）	12/29 ~ 1/3 運休
		北振バス	0866-83-1289	
	タクシー	日の丸タクシー	086-698-1288	
		一丸タクシー	0120-366-330（配車センター）	
		井原交通	0120-814-645（配車センター）	
子守唄の里高屋	バス	井原あいあいバス	0866-83-1289（北振バス）	12/29 ~ 1/3 運休
		井笠バスカンパニー	0865-67-2213	
神辺	JR 福塩線			
	バス	中国バス	084-953-5391	
		井笠バスカンパニー	0865-67-2213	

※駅、交通機関等は主なものを掲載しています。
※ 2019 年 10 月現在の状況です。運行ダイヤ・ルートが変更される場合もあります。事前に HP などでご確認ください。
※バス路線によっては日曜・祝日運休のものもあります。事前にご確認ください。
※タクシー会社が定休日の場合や、台数に限りがある場合があります。事前のご予約をおすすめいたします。

井笠バス
カンパニー

井原あいあい
バス

真備コミュニ
ティタクシー

中国バス

北振バス

※ QR コードが読みづらいときは、スマホの画面をピンチイン（拡大）すると読みやすくなります。

長さ350mの小田川橋梁を快走（早雲(そううん)の里荏原(さと えばら)～井原）

Ibara Railway

井原線開業20周年記念ヘッドマーク付きの列車（平成31年1月14日）（井原～いずえ） B

「がんばろう岡山・広島」井原線開業20周年記念ラッピング。総社から神辺まで沿線自治体のゆるキャラが勢揃い

小田川の堤防沿い約1kmにわたり260本の桜が咲く「まきび桜公園」。備中呉妹（びっちゅうくれせ）駅から徒歩１分

甘い香りの蓮華畑の向こう、堰堤の上を列車が走って来た（矢掛～小田）

井原駅に入る「夢やすらぎ号」。水戸岡鋭治氏デザインのシックな外観と天然木を用いた内装が人気

秋晴れが続くと稲刈りだ。刈った稲穂を天日で干す、懐かしい稲のハゼがけ風景（小田～早雲の里荏原）

小田川沿いに開けた平地の町並みに、うっすらと粉雪が舞う。列車は今日も人を乗せてゆく（小田～早雲の里荏原）

▶清音駅から徒歩 10 分

見る

軽部神社（王子の宮）

かるべじんじゃ　おうじのみや

女性の乳一切の守り神
おっぱい形の絵馬を奉納

建武元年（1334）福山城主大江田氏が軽部山に社殿を創立。延宝6年（1678）に麓の現在地に移転造営した。境内に「垂乳根の桜」と呼ばれる美しい枝垂れ桜の木があり、女性の乳の守り神と信仰されるようになった。おっぱい形の絵馬がたくさん奉納されている。

㊟岡山県総社市清音軽部
☎ 0866-92-8277（総社市観光プロジェクト課）

▲乳の形の絵馬を作って奉納すれば母乳が出るようになる、乳の病を癒やすといわれる

◀境内には軽部山から流れる軽部川の清らかな瀬音が響く

▲享保 14 年（1729）にベトナムから献上された象が川辺の渡しを渡ったと伝わる

◀真備町側土手下の旧山陽道一里塚。元は川辺の渡しにあったが明治大正の堤防改修で移設

▶清音駅から徒歩 10 分

川辺の渡し跡

かわべのわたしあと

象も渡ったという
高梁川に残る江戸時代の渡し場の跡

清音駅を出て高梁川に架かる自動車用の川辺橋に並行する人道橋(旧·川辺橋）を渡ると、真備町側の右岸下流方向に船着き場の石組みが見える。江戸時代に幕府が設けた渡し場跡だ。当時は川に橋を架けることが禁止され、渡し場以外を渡ることもご法度だった。

㊟岡山県倉敷市真備町川辺

▶清音駅から出発

金田一耕助の小径（きんだいちこうすけのこみち）

横溝正史の名作小説の舞台をめぐるウォーキングコース

推理小説家・横溝正史は戦時中真備町岡田村に疎開。そこで構想を温め、昭和21年（1946）金田一耕助シリーズ第1作の「本陣殺人事件」を発表した。作中、金田一は清音駅（作中では『清―駅』と伏せ字）を下り、歩いて川辺（同『川―村』）に入る。作品ゆかりの場所を巡るウォーキングコースで金田一の足跡をたどってみよう。毎年秋のコスプレイベント「1000人の金田一耕助」には全国から集まるファンが作中人物に扮して歩き、住民との交流を楽しんでいる。

㊟岡山県総社市清音上中島から倉敷市真備町川辺
☎086-426-3411（倉敷市観光課）

3 艮御崎神社は金田一が聞き込みをした付近。秋祭りには備中神楽が奉納される

9 「悪魔の手毬唄」で金田一がすれ違う『おりん』の像。岡田大池の北東端にある

4 「本陣殺人事件」に『二間道路』として登場する岡田新道。享保年間に守屋勘兵衛が設計施工し、艮御崎神社から旧岡田村役場跡まで496間（約900m）をまっすぐにつなぐ。今も地域のメインルートとして機能

10 17世紀初頭、備中国奉行で茶人・作庭家でもあった小堀遠州が造ったとされる岡田大池。施工は土木・水利の才人で岡田藩の山方・普請方だった守屋勘兵衛。現在も農業灌漑用水として活用されている

6 「濃茶のばあさん」と呼ばれる親切な茶店の老婆を祀った祠。「八つ墓村」に『濃茶の尼』として登場

11 造営享保元年（1716）大池の出島に祀られる大池弁財天。横溝正史お気に入りの散歩コースだった

12 ふるさと歴史館の近くに立つ金田一耕助像

START!

1. 清音駅
2. 川辺一里塚
3. 艮御崎神社
4. 二間道路
5. 岡田村役場跡
6. 濃茶のほこら
7. 千光寺（「獄門島」に登場）
8. 横溝正史疎開宅
9. おりん像
10. 岡田大池
11. 大池弁財天
12. 金田一耕助像
13. 真備ふるさと歴史館
14. 川辺宿駅

GOAL!

3 艮御崎神社

4 二間道路

6 濃茶のほこら

9 おりん像

10 岡田大池

11 大池弁財天

12 金田一耕助像

▶川辺宿駅から徒歩 30 分

横溝正史疎開宅

よこみぞせいしそかいたく

横溝正史が疎開中に暮らした家を当時の佇まいのまま保存

横溝正史は昭和20年（1945）4月から昭和23年（1948）7月末まで家族と共に東京から疎開してこの家に住んだ。地元の人と交流を深めつつ、足かけ4年の暮らしの中で「八つ墓村」「獄門島」など数々の傑作を執筆。当時のままの家を見学できる。

㊋10:00 ～ 16:00
㊡月・木・金曜、年末年始（12/29 ～ 1/3）
㊟岡山県倉敷市真備町岡田 1546
☎ 086-698-8558
Ⓟ有
㊕無料

▲横溝正史が疎開していた当時の写真や着ていた衣服などが展示されている

◀横溝正史が作品を執筆していた部屋

▶川辺宿駅から徒歩 25 分

真備ふるさと歴史館

まびふるさとれきしかん

横溝正史に関する資料や岡田藩の古文書など展示

江戸時代に約250年間この地を治めた岡田藩の古文書や民俗資料などを収蔵・展示する。豊富な資料で村の暮らしや支配の様子、産業や土木、災害を防ぐ取り組みの歴史などが学べる。横溝正史コーナーでは、自筆原稿や写真なども展示する。

㊋10:00 ～ 16:00
㊡月・木・金曜、年末年始（12/28 ～ 1/4）
㊟岡山県倉敷市真備町岡田 610
☎ 086-698-8433
Ⓟ有
㊕無料

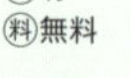

横溝正史の書斎を復元したコーナー。机は東京の自宅で実際に使っていた本物

金田一耕助のコスプレもできる

平成 6 年（1994）開館。岡田大池の東南の端に位置する

▶吉備真備駅から徒歩 15 分

見る

吉備公墳（きびこうふん）

町名の由来でもある
真備町が生んだ偉人・吉備真備（きびのまきび）が眠る

奈良時代に大和朝廷で右大臣として活躍した吉備真備は、真備町を本拠地とする下道（しもつみち）氏の出身。唐に二度渡り算術や兵法などの知識を持ち帰り、日本の政治制度や文化に多大な貢献をした。この宝篋印塔は吉備真備の墳墓と伝えられ吉備大明神拝殿奥にある。

㊟岡山県倉敷市真備町箭田
☎ 086-421-0224
（倉敷観光コンベンションビューロー）
Ⓟ有

▲元禄の初め 4 代目岡田藩主伊東長貞が自ら発掘し「吉備真備公の真廟」と結論づけた

◀地元では「吉備さま」と呼ばれ学問の神・吉備大明神として尊崇を集める

▲山門の扁額は明治期の歴史学者・重野安繹博士の書「名賢遺蹟」を彫り込む

◀庭園には奈良時代の箭田廃寺の塔心礎や礎石が複数残る

▶吉備真備駅から徒歩 15 分

吉備寺（きびじ）（箭田廃寺（やたはいじ））

古代寺院跡に建つ古刹
吉備真備公を祀る

吉備真備公の菩提寺で、7世紀後半に創建された下道氏の氏寺のあった場所。箭田廃寺と呼ばれ岡山県内で最古の古代寺院の一つ。跡地に真蔵寺という寺が建っていたが、藩主伊東長貞により、吉備真備公を永代祀るべく吉備寺と改められた。

㊟岡山県倉敷市真備町箭田 3650
☎ 086-698-0154
Ⓟ有

▶吉備真備駅から徒歩 15 分

まきび記念館

（まきびきねんかん）

吉備真備の生涯を学ぶ
豊富な資料を展示

吉備真備に関する資料を模型やパネルでわかりやすく説明。時代背景や業績、人物像が展示から浮かび上がる。他に真備町内で出土した遺物なども展示。奈良・白鳳時代の岡田廃寺の軒丸瓦などの貴重な史料から地域独自の文化を知ることができる。

㊔10:00 ～ 16:00
㊡月曜（祝日の場合は翌日）、
年末年始（12/28 ～ 1/4）
㊟岡山県倉敷市真備町箭田 3652-1
☎ 086-698-7612
Ⓟ有
㊕無料

吉備真備が唐に渡った遣唐使船を 1/10 スケールで復元した模型

奈良時代の装束も自由に着られる。吉備真備になりきって記念撮影を

朱塗りの柱に四隅が反り上がった中国風の外観

▲入口には円形の開窓。中国で尊重される櫂の木や梅も植えられ、中国の風情が漂う

◀反り橋を渡って六角亭と呼ばれる東屋へ。園内には 3 つの池が配置される

▶吉備真備駅から徒歩 15 分

まきび公園

（まきびこうえん）

唐で学んだ吉備真備
郷土の偉人を顕彰する中国風庭園

吉備真備が学んだ唐の首都・長安は現在の中国・西安市だ。西安市と真備町の友好運動が実り、西安市に日本庭園、真備町には中国風庭園が造られ両方に同じ吉備真備公記念碑が建てられた。

㊟岡山県倉敷市真備町箭田 3652-1
☎ 086-698-8108（倉敷市真備支所建設課）
Ⓟ有
㊕無料

▶吉備真備駅から徒歩 10 分

くらしきしたけのこぢゃや
倉敷市たけのこ茶屋

真備特産の筍や野菜
ヘルシーな軽食と喫茶でひと息

江戸時代後期の文政年間に起源する真備町の特産「箭田の筍」。3 ~ 5月の旬に朝堀したものを薪で2,3時間かけてアクを抜く。甘みがあって香りがよい。たけのこ茶屋では旬の時期には筍を、他の季節には地物野菜をたっぷり使った軽食が食べられる。

㊒<売店> 10:00 ~ 16:00、
<喫茶> 10:00 ~ 15:00、
<お食事> 11:00 ~ 14:00
㊡月曜（祝日の場合は火曜）
㊟岡山県倉敷市真備町 3652-1
☎ 086-698-1514
Ⓟ有

この日は黒米入り筍ご飯。災害後に地元の人に体にいいものを、とメニューを一新

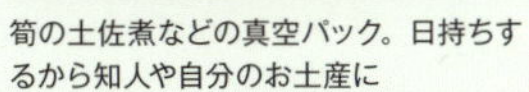

筍の土佐煮などの真空パック。日持ちするから知人や自分のお土産に

イベントやボランティアなど地域コミュニティの情報交換の場にもなっている

▶吉備真備駅から徒歩 5 分

ぱんぽると
パンポルト

真備町の手作りパン屋さん
種類もいっぱい！元気が出るおいしさ

一つひとつ毎日手作りで、菓子パンや惣菜パン、天然酵母パン、フランス系、サンドウィッチなど約100種類ものパンが並ぶ。店舗が西日本豪雨で被災したものの、二ヶ月半後には仮店舗で復活。1年後の令和元年（2019）7月に新店舗での営業をスタートした。吉備真備駅から歩いてすぐ。

㊒8:00 ~ 17:00 ※売り切れ次第終了
㊡火・水曜
㊟岡山県倉敷市真備町箭田 1174-1
☎ 086-451-2512
Ⓟ有

左から、抹茶と大納言の天然酵母パン・さつまいもあんぱん・連島ゴボウとクルミのカンパーニュ

大人気で閉店を待たずに売り切れることも。どうしても食べたい人は午前中に

ファンも待望の新店舗

▶矢掛駅から徒歩 10 分

きゅうやかげほんじんいしいけじゅうたく

旧矢掛本陣石井家住宅

**山陽道矢掛宿の本陣を務めた石井家
国の重要文化財に指定**

旧山陽道に面し、矢掛宿の本陣職・石井家の屋敷が付属室に至るまで保存されている。中国地方から九州まで多くの大名が休泊したが、石井氏は元は毛利氏の配下だったため毛利藩は度々宿泊した。酒造業も営んでおり、当時の酒造施設も保存されている。

㊔＜3～10 月＞ 9:00 ～ 17:00、
＜11 ～ 2 月＞ 9:00 ～ 16:00
※入館は 30 分前まで
㊡月曜（祝日の場合は翌日）、年末年始
㊟岡山県小田郡矢掛町矢掛 3079
☎ 0866-82-2700
㊕大人 400 円、小・中学生 200 円

徳川家定正室の篤姫や萩藩十三代毛利敬親らも宿泊した

大名らが宿泊・休憩する際に持参した宿札の数々

大名が使った上段の間。次の間への襖には当時の矢掛の特産・綿が描かれる

▶矢掛駅から徒歩 10 分

しゅくばまちのまちなみ

宿場町の町並み

**江戸時代以降の建物が並ぶ
400 年続く宿場町のにぎわい**

約400年前の都市計画で、南を流れる小田川の自然堤防の上に道が作られ両脇に宅地が造成された。各区画の間に下水溝を整備したため、家並みが乱れず現在まで保存されているそう。旧山陽道は矢掛商店街として現在も変わらぬメインストリートだ。

㊟岡山県小田郡矢掛町矢掛 2552-2
㊕やかげ町並案内人 /20 名まで 2000 円
※ 10 日前までに電話又は FAX で申し込み
☎ 0866-83-0001
（一般財団法人矢掛町観光交流推進機構）

▲屋根の棟と直角に交わる「妻」側に出入口を設けた町家が軒を連ねる「妻入り五軒並び」

◀やかげ町並案内人の金子さん

▶矢掛駅から徒歩 10 分

見る

やかげ郷土美術館
（やかげきょうどびじゅつかん）

町並みに調和する町家風建築
矢掛出身作家の作品を展示

矢掛の町でひときわ目を引く高さ16mの水見やぐら。伝統工法による町家風な外観のやかげ郷土美術館では、矢掛出身の書家・田中塊堂と洋画家・佐藤一章の作品を収蔵する。企画展のほか、町民ギャラリーでは現代の地元作家の絵画などの作品を展示している。

㊔9:00 ~ 17:00
㊡月曜（祝日の場合は翌日）、年末年始、展示替期間
㊟岡山県小田郡矢掛町矢掛 3118-1
☎ 0866-82-2110 Ⓟ有
㊋＜常設展＞大人 200 円、中・高生 100 円、小学生 50 円
※特別展はその都度設定

▲建築材には町の木である赤松を使用

◀水見やぐらからの眺め。四方から町並を見渡せる

▶矢掛駅

体験

矢掛レンタサイクル
（やかげれんたさいくる）

矢掛町内の 3 駅なら
どこでも借りられてどこでも返せる

鉄旅で時間を有効に使いたいときやちょっと歩き疲れた日には観光レンタサイクルが便利。矢掛レンタサイクルは井原線の矢掛駅・三谷駅・小田駅で貸出しており、返却は3つの駅のうちどこでも自由。申込は各駅の案内所に声をかけよう。

㊔9:00 ~ 12:00、13:00 ~ 16:00（返却は 17:00 まで）
㊡無休 ㊟岡山県小田郡矢掛町
☎ 0866-82-1010（矢掛町総務企画課）
㊋半日 300 円、1 日 500 円

▲矢掛駅には 6 台、三谷・小田駅には各 4 台設置。繁忙期には空車になることも

◀宿場町風の黒い瓦屋根の矢掛駅駅舎。町めぐりはここからスタートだ

▶矢掛駅から徒歩 10 分

食べる 泊まる

<ruby>矢掛屋<rt>やかげや</rt></ruby> INN & SUITES

（いん あんど すいーつ）

複数の伝統的建物の分散型ホテル 江戸期の古民家に宿泊できる

江戸時代の木造母屋など複数の伝統的な建物を改修して料亭や宿泊施設として活用。イタリア発祥の分散型ホテルとして認定される。梁や欄間、室礼などに宿場町の風情を残しながら、空調や防音など現代的な機能をさりげなく取り入れ快適に過ごせる。

宿泊は本館 6 室、温浴別館 9 室の全 15 室すべて間取りが異なる洋室と和室がある

独立した古民家スタイルで静かに過ごせる居室

食事処には貸切可能な宴会場もある

(営)<食事処> 11:00 ~ 14:00 (LO13:30)、17:30 ~ 21:00 (LO20:30) ※昼夜共好評のため要予約 <温浴施設>温泉 6:00 ~ 9:00、11:00 ~ 23:00 (最終入場 22:00)、露天風呂 11:00 ~ 21:00、岩盤浴 (女性) 11:00 ~ 17:00、21:00 ~ 23:00 (男性) 17:00 ~ 21:00

(休)無休 ※<温浴施設>月曜 9:00 ~ 15:00 (祝日の場合は翌日)

(住)岡山県小田郡矢掛町矢掛 3050-1 ☎ 0866-82-0111 (P)有

(料)<宿泊> 1 泊 2 食 11300 円 (税別) ~ <温浴施設> (平日) 大人 500 円、小学生 350 円、幼児 300 円 (休前日·休日) 大人 700 円、小学生 500 円、幼児 400 円 (岩盤浴) 大人 500 円、小学生 350 円、幼児 300 円 ※岩盤浴は入浴料金と別

▲あたたかいゆず茶でほっとひと息。手のひらにアートを包み込むようなカップで

▶矢掛駅から徒歩 10 分

<ruby>シーズ藤原家<rt>しーずふじわらや</rt></ruby>

町家の落ち着いた雰囲気の中で カフェとこだわりの雑貨を楽しむ

旧山陽道に面した趣ある町家のカフェは、ゆっくりと時間を過ごしたいときに。14時までは器にもこだわったランチが楽しめる。作家ものの一点しかない器を中心とした雑貨も販売。二階はギャラリーになっており、ジャンルを問わず様々なアートを展示する。

(営)9:00 ~ 17:00 (休)水曜

(住)岡山県小田郡矢掛町矢掛 2588

☎ 0866-63-4383 (P)有

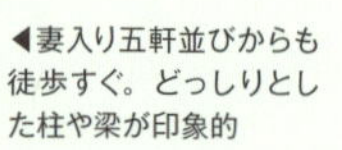

◀妻入り五軒並びからも徒歩すぐ。どっしりとした柱や梁が印象的

▶矢掛駅から徒歩 10 分

買う

佐藤玉雲堂
さとうぎょくうんどう

宿場町で 180 年間愛される 銘菓「矢掛の柚べし」の和菓子店

天保元年（1831）創業、現在8代目の老舗和菓子店。地元の柚子を使った「柚べし」は江戸時代から矢掛銘菓として知られ、参勤交代の大名らをはじめ、天璋院篤姫もお気に入りだったそう。平成の七代目からは「花せんべい彩」など品揃えも増えて好評。

㊟8:00 ~ 19:30
㊡火曜
㊟岡山県小田郡矢掛町矢掛 3084
☎0866-82-0164

矢掛の山野で摘み取った季節の野花をそっととじこめた「花せんべい彩」

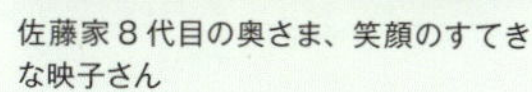

佐藤家８代目の奥さま、笑顔のすてきな映子さん

旧街道の矢掛商店街に面している

田んぼに並んだ苗を励ますように、軽快な列車の音が響く（小田～矢掛）（2019/7/6 撮影）Ⓒ

▶井原駅から徒歩0分

いばらでにむすとあ
井原デニムストア

国産デニム発祥の地・井原 他にはない珍しい素材に驚き

井原駅駅舎内にある井原デニムのアンテナショップ。井原は、小田川の豊富な水を利用して江戸時代中期から藍染め織物の産地として知られ、中でも「裏白」という土着の織物が国産デニムのルーツとされる。ストアでは織り、素材、染めなど多種多様なデニムに触れることができる。

㊤10:00～18:00
㊡水曜
㊟岡山県井原市七日市町944-5
☎070-5057-6070 Ⓟ有
㊕<ミュージアム>無料
<加工体験>コサージュ作り1500円、リベット打ち体験（キーホルダー）800円、さき織りコースター作り1500円、ダメージ加工体験（ランチョンマット）1000円ほか（要予約）

旧式のシャトル織機で作るセルビッチデニムなど多彩。ジーンズやバッグなどのほか量り売りやオーダーもできる

シルクと合わせたしなやかな織柄地などのデニム着物。職人の手で一針ひとはり丁寧に仕立てられる

昔は薬用だったという食用藍を練り込んだデニムそうめん。目にも美しい

▶ジャガードデニムなどのスタイリッシュなスーツ。完全オーダー制で自分だけの一着に

二階のスペースは井原デニムの歴史がわかるミュージアムになっている

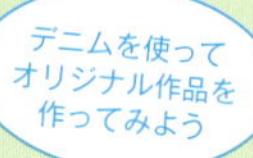

デニムを使って オリジナル作品を 作ってみよう

井原デニム加工体験では、コサージュやキーホルダーを作ることができる（要予約）

▶井原駅から徒歩 0 分

体験

ウォーキングバイシクル
（うぉーきんぐばいしくる）

立ったままでスイスイ漕げる 地元発の新しい乗り物

地元井原市で開発されたウォーキングバイシクル。左右のペダルにそれぞれ足を乗せ、ウォーキングステップのように上下に踏んで漕ぐ乗り物だ。自転車の規格に準拠しているので公道を走ることができる。井原駅舎内の井原市観光案内所で現在無料でレンタル中。

㊋9:00 ～ 17:00
㊡年末年始
㊟岡山県井原市七日市町 944-5
☎ 0866-65-0505
Ⓟ有
㊮<ウォーキングバイシクル>無料
<レンタサイクル> 1 日 300 円
<アシストサイクル> 1 日 500 円

立ったまま乗れて歩くより速い！スカートや着物でも大丈夫

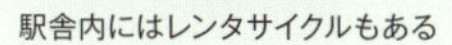
駅舎内にはレンタサイクルもある

申込は駅舎内の井原市観光案内所カウンターまで

▶井原駅から徒歩 15 分

井原市立 田中美術館
（いばらしりつ でんちゅうびじゅつかん）

井原出身の巨匠・平櫛田中の 彫刻作品を展示

「鏡獅子」で有名な彫刻家・平櫛田中は明治5年（1872）岡山県後月郡（現在の井原市）に生まれ、明治・大正・昭和と107歳で亡くなるまで制作活動を続けた。田中の数々の名作が展示され、3階に東京上野のアトリエを再現している。

㊋9:00 ～ 17:00
㊡月曜（祝日・振替休日の場合は翌日）、年末年始（12/28 ～ 1/4）、特別展前後の展示替期間
㊟岡山県井原市井原町 315
☎ 0866-62-8787 Ⓟ有
㊮大人 400 円、
小中高生・65 歳以上は無料
※特別展は別に定め 65 歳以上も有料

浅野長勲公をモデルにした「霊亀随」や禅の教えを基にした「尋牛」などの作品も展示

「いまやらねばいつできる　わしがやらねばたれがやる」の名言も有名

エントランスには師・岡倉天心をモデルにした「五浦釣人」の像が立つ

▶井原駅から徒歩０分

食べる

ひだまりカフェ ぽっぽや

ご当地グルメも楽しめる
リーズナブルな駅ナカのカフェ

井原市名産のゴボウ「明治ごんぼう」は、木の枝のように太く、やわらかで香りが高いのが特徴。井原駅の駅舎内の「ひだまりカフェぽっぽや」では、明治ごんぼうを使った「ごんぼう麺」が食べられる。ランチやピザ、コーヒーなど色々ある。

㊟9:00 ～ 18:00（LO17:30）
㊡月曜、第２・４日曜
㊟岡山県井原市七日市町 944-5
☎ 090-4104-5358
㊟有

▲モチモチの生（なま）きしめんを使った「ごんぼう麺」600円（税込）。香りと出しのうま味がよく合う

◀数量限定日替わりのひだまりランチ 750 円（税込）

▲井原バスセンター近くの静かな通りに面している

◀シングルのほか、ツインや和室もある

▶井原駅から徒歩 15 分

ビジネスホテル歴城荘

手頃な料金のビジネスホテル
飲食店やスーパーも徒歩圏内

井原駅から駅前通を北に向かい、井原バスセンター手前の角を一本入ったところにあるビジネスホテル。駅までの道には大手スーパーやコンビニ、飲食店や農産物直売所などがある。全室Wi-Fi対応で、一部有線LANも使える部屋がある。

㊟岡山県井原市井原町 717
☎ 0866-62-0236
Ⓟ有
㊮バストイレ付き１泊朝食付き 5300 円（税抜）～、
　アウトバス（風呂トイレ共同）
　１泊素泊まり 3800 円（税抜）～
㊟井原バスセンターから徒歩３分

▶子守唄の里高屋駅から徒歩１分

見る

華鴒大塚美術館

金島桂華の日本画を中心に展示
閑静な住宅地に佇む美術館

広島県福山市神辺町出身の日本画家・金島桂華を中心に、横山大観や橋本関雪など近現代の作家の日本画をメインに所蔵。年数回テーマ毎に展示を行う。敷地内の日本庭園は広島藩浅野家上田宗箇を流祖とする茶道上田宗箇流第15代家元上田宗源宗匠の作庭。

㊮9:00～17:00（入館は16:30まで）
㊡月曜（祝日または振替休日の場合は翌日）、年末年始（12/28～1/4）、展示替のための臨時休館あり
㊟岡山県井原市高屋町3-11-5
☎0866-67-2225
㊙<常設展>大人500円、高校生300円、小中学生250円

金島桂華画「飛鶴」。繊細で写実的な花鳥画を得意とした

日本庭園「華鴒園」。園内には、当代・上田宗冏家元監修の茶室も建つ

数奇屋風の瀟洒な外観

井原鉄道
車窓ポイント

清音～川辺宿

トラスの下の川が透けて見える！

高梁川橋梁

一級河川・高梁川に架かる全長716mの高梁川橋梁は、井原線内で最も長い橋梁。保護性の錆によって自らの腐食を防ぐ耐候性鋼材を使用した無塗装鋼鉄道橋だ。下路式トラス構造のため、橋梁を走行中に前面の貫通路窓から下を見ると、トラスの下の川が透けて見える。

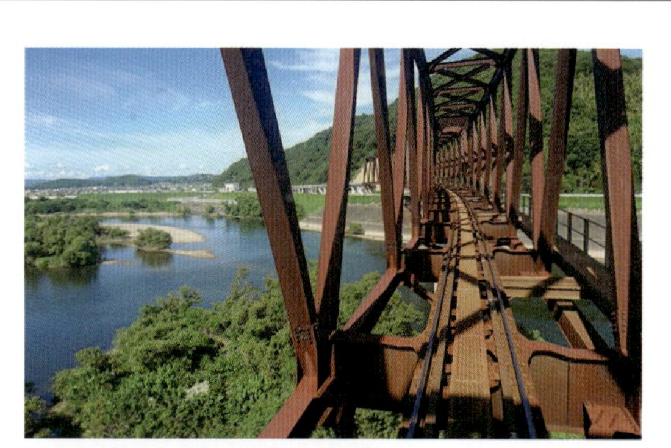
大迫力の眺めで子どもたちにも大人気だ

◀高梁川の河川敷で行われる清流まつりの花火を見ながら

◀土日祝や休日限定で販売するスーパーホリデーパス。大人1000円、子ども500円で井原鉄道が一日乗り放題になる。旅行客はもちろん、地元高校生にも人気。（清音駅・吉備真備駅・矢掛駅・井原駅・神辺駅にて販売）

Kisuki Line

木次線

宍道 — 備後落合
（島根県松江市）（広島県庄原市）
81.9km 全16駅

宍道
備後落合
島根県
広島県
岡山県

中国山地越えの山岳路線
車窓絶景の宝庫

大正5年(1916)開業、昭和12年(1937)12月12日に全通した。終点の備後落合駅で芸備線に接続し、中国山地を越えて山陰と山陽を結ぶ陰陽連絡線だ。中国地方屈指の山岳路線で車窓の見どころに富み、観光トロッコ列車奥出雲おろち号も運行する。路線は、日本百景に数えられる宍道湖のほとり、宍道駅からスタートする。雲南市の木次駅にかけては山裾に名産の茶畑が広がり、日本神話の舞台・斐伊川沿いを進む。下久野トンネル(2241m)を抜けると奥出雲町へ入り、たたら製鉄によって作られた棚田が広がる。奥出雲町は米のほか蕎麦でも知られ、初秋の頃は蕎麦畑の花が白く咲き広がる。出雲坂根駅付近から山に入っていき、新緑や紅葉の風景と、大きな標高差を鉄路で克服するための三段式スイッチバック、車窓から眺められる日本最大級の二重ループ橋がハイライトとなる。

標高が高いため、カラマツやナナカマドなど高山性樹木の深い色合いの紅葉が10月下旬頃から見られる（三井野原～油木） A

木次線路線図

一畑電車 北松江線
宍道湖
中海
松江
山陰本線
山陰自動車道
宍道
南宍道
加茂中
幡屋
出雲大東
南大東
木次
日登
下久野
下久野トンネル(2,241m)
木次線
出雲八代
出雲三成
亀嵩
出雲横田
八川
出雲坂根
三井野原
油木
備後落合
芸備線
島根県
鳥取県
広島県
松江自動車道

木次線交通連絡表

宍道	JR 山陰線			
	バス	宍道コミュニティバス	0852-55-5373	日祝・盆・年末年始運休
	タクシー	宍道タクシー	0852-66-0339	
出雲大東	バス	一畑バス	0852-20-5205	
		雲南市民バス	0854-40-1014	
木次	バス	雲南市民バス	0854-40-1014	
	タクシー	三葉タクシー	0854-45-2121	
出雲八代	バス	奥出雲交通	0854-54-1047（三成事務所）	
出雲三成	バス	奥出雲交通	0854-54-1047（三成事務所）	
	タクシー	あいタクシー	0854-54-0181	
亀嵩	バス	奥出雲交通	0854-54-1047（三成事務所）	
出雲横田	バス	奥出雲交通	0854-52-3770（横田事務所）	
	タクシー	簸上タクシー	0120-620-267	
		たたらタクシー	0854-52-2802	
八川	バス	奥出雲交通	0854-52-3770（横田事務所）	
出雲坂根	バス	奥出雲交通	0854-52-3770（横田事務所）	
三井野原	バス	奥出雲交通	0854-52-3770（横田事務所）	
油木	バス	西城交通	0824-82-1933	
備後落合	JR 芸備線			
	バス	西城交通	0824-82-1933	
	タクシー	道後タクシー	08477-5-0073	

※駅、交通機関等は主なものを掲載しています。
※ 2019 年 10 月現在の状況です。運行ダイヤ・ルートが変更される場合もあります。事前に HP などでご確認ください。
※バス路線によっては日曜・祝日運休のものもあります。事前にご確認ください。
※タクシー会社が定休日の場合や、台数に限りがある場合があります。事前のご予約をおすすめいたします。

一畑バス　雲南市民バス　奥出雲交通　宍道コミュニティバス　西城交通

※ QR コードが読みづらいときは、スマホの画面をピンチイン（拡大）すると読みやすくなります。

室原川が開いた狭い谷もようやく芽吹く。温む水が田に引かれた（八川～出雲坂根） A

Kisuki Line

線路下から車窓の高さに枝を延べる桜の木々。花むらがまぶしい（南宍道～加茂中） B

鉄穴(かんな)流しでできた水路を利用した棚田の所々に祖霊を祀る場所がこんもりと残る。たたら地形の鉄穴残丘にこの地に生きる人々の敬虔な精神性がくみ取れる(下久野～出雲八代) F

山々は緑濃く繁り、稲もぐんぐんと伸びゆく頃。朱色のキハ120形車両に夏の日差しが注ぐ(八川～出雲坂根) A

Kisuki Line

神々が住まう"高天原"が愛称の三井野原駅へ向かう。全山燃えるような紅葉の中、木次線内最高地点へと三段式スイッチバックを上って行く（出雲坂根～三井野原） A

島根から広島にかけて稲架のことを"はで"と呼ぶ。出雲地方のはで干しは横木を高く重ねるのが特徴で、5,6段に及ぶことも（南宍道～加茂中） B

雪のやみ間、西城川の源流沿いの険しい斜面のトンネルから列車が一瞬顔を見せた（油木～備後落合） F

▶出雲大東駅

つむぎ（つむぎ）

**住民団体が駅の指定管理者に
オリジナルグッズの販売も**

出雲大東駅の指定管理者としてJRのきっぷ販売やオリジナルグッズの販売、観光案内などを行う住民団体「つむぎ」。駅に関わる人たちのアイディアを生かし、ほたる祭りや駅フェス、ライブコンサートなど、駅での楽しいイベントも企画する。

㋮8:00 ～ 12:30、13:30 ～ 17:00
㊡日曜（第1日曜は営業）
㊟島根県雲南市大東町飯田 36-12
☎0854-43-8650
Ⓟ有

▲「つむぎ」代表･南波さん。「出雲大東駅はみんなの夢を叶える場所」と笑顔

◀木で作った「木～ホルダー」ほか、出雲大東駅オリジナルグッズが色々

▶木次駅

木次駅（きすきえき）

**ハートの駅看板が大人気！
駅舎内の観光協会でグッズも販売**

木次線の前身･簸上（ひかみ）鉄道として大正5年（1916）10月11日に開業して以来100年以上の歴史ある駅。ハートの駅看板やヤマタノオロチの出雲神話看板など記念撮影スポットがいっぱい。駅舎内の観光協会では様々な木次線グッズが買える。

㋮<雲南市観光協会> 8:30 ～ 17:15
㊡<雲南市観光協会>土・日曜、祝日
㊟島根県雲南市木次町里方 26-1
☎<雲南市観光協会> 0854-42-9770

「き♥（すき）」駅看板は1番ホームに設置。古い看板を手作りでリメイク

1番ホームにある「ご縁の鐘」。友だちと一緒に鳴らしてみよう

観光協会では木次線トロッコ列車おろち号のクリアファイルなど販売

▶木次駅から徒歩 1 分

見る

斐伊川堤防桜並木（ひいかわていぼうさくらなみき）

日本一の桜のまち雲南市
800 本の桜が咲き誇る

明治の終わり頃、根張りで土手を強くして斐伊川の洪水を防ぐため植えられた桜。2kmに渡り約800本が花開く。桜を市の花とする雲南市は、専門職「桜守（さくらもり）」を配置し年間を通じて桜の手入れを行う。4月上旬は桜まつりでにぎわう。

㊟島根県雲南市木次町木次
☎ 0854-40-1054（雲南市観光振興課）

並行河川・久野川の桜。子どもの頃植えた桜に毎年会いに来るというご婦人も

日本の桜名所 100 選に認定される桜のトンネル。日没後はぼんぼりを点灯

木次駅のファサードも桜モチーフのデザイン

▶木次駅から徒歩 15 分

木次公園（きすきこうえん）

木次の市街地を見下ろす公園
桜の名所としても知られる

木次の市街地と斐伊川を見下ろす標高98mの秋葉山。元は城跡で山頂一帯が公園として整備されている。見晴らしがよく桜の名所としても知られ、エドヒガンやソメイヨシノ約500本が山頂広場や曲輪様の削平地に咲く。木次線のトンネルが山を貫いている。

㊟島根県雲南市木次町木次
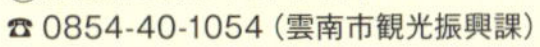
☎ 0854-40-1054（雲南市観光振興課）

山頂広場に立つ樹齢 90 年以上のエドヒガン。日没後はライトアップされる

紅い石州瓦の家並みと潜水橋「願い橋」のかかる斐伊川、桜並木も一望

桜の花の間から木次駅を遠望できる

▶木次駅から徒歩 15 分

蒸気機関車（じょうききかんしゃ） C56108（しーごーろくいちぜろはちごう）号

木次線を走り続けたSL
整備して保存展示

昭和12年（1937）製造のC56108号は木次線全通と同時に木次線に配属、163万4千キロ（地球を約40周）を走って昭和49年（1974）に廃車。木次町が国鉄から無償貸与を受け、木次体育館横に移設展示。現在住民らで結成した「C56108保存会」が整備を行う。

㊡常時展示、春と秋に公開展示も行う
※冬期は降雪から保護するため展示はお休み
㊟島根県雲南市木次町木次
☎ 0854-42-2574（C56108 保存会）

▲山岳路線に多く配備されたC56の愛称は「ポニー」。巨大な炭水車を備えたC56108は中国山地を越える木次線の急勾配で活躍した

▲もちもち玄米と季節のお野菜の日替わりオリゼランチ。お豆腐や車麩など植物性の主菜で

◀築 60 年の古民家を改装。靴をぬいで上がろう

▶木次駅から徒歩 5 分

カフェオリゼ（かふぇおりぜ）

古民家のナチュラルな空間で
オーガニックなこだわりランチ

奥出雲町の無農薬の仁多米の玄米や野菜、豆などこだわりの食材で丁寧に調理したランチや、動物性食品不使用のスコーンなどが楽しめる。コーヒー、紅茶もオーガニックを用意。古民家で庭を見ながら、体がほっとするひとときを。

㊋11:00 ～ 17:00
㊡月・火曜、不定休あり
㊟島根県雲南市木次町里方 331-1
☎ 0854-42-5486

▶木次駅から徒歩 12 分

買う

簸上堂（ひかみどう）

創業 80 年の和洋菓子のお店
地元産の素材にこだわって手作り

有機栽培酪農で知られる木次牛乳、木次ファームの卵、雲南市産の米粉を使ったスフレタイプのチーズケーキ「杜（もり）のズコット」や、雲南産野菜を使ったパウンドケーキ、フルーツ入りのダックワーズなど安心安全の素材を使ったスイーツシリーズが人気。

㊔8:30 ～ 19:00（日曜・祝日は 9:00 ～）
㊡不定休
㊟島根県雲南市木次町新市 76
☎ 0854-42-0347
Ⓟ有

▲ふわふわしっとり天使のような食べ心地の「杜（もり）のズコット」

◀「おいしいものは心のビタミン」と三代目店主。一つひとつを丁寧に、がモットー

木次線

▲出雲、松江など島根県を拠点に活動する作家たちの作品をゆっくり眺めて

◀木造建築の趣ある外観。年月が築いた本物のレトロ空間で雑貨選びが楽しめる

▶木次駅から徒歩 10 分

手仕事雑貨（てしごとざっか） ひなの

作家ものの布小物やアクセサリー
アンティーク・昭和レトロな古着などを販売

木次商店街に面した老舗酒店「難波本店」の二階で木曜から土曜まで開く雑貨・古着店。島根県内のクラフト作家が一点ずつ手作りしたがま口や財布、バッグ、帽子などの布小物、天然石やラインストーンの手作りアクセサリーが並ぶ。

㊔10:00 ～ 17:30
㊡月～水曜・日曜（予約があれば営業可）
㊟島根県雲南市木次町木次 91
☎ 080-3050-8573

▶木次駅から徒歩 5 分

天野館（あまのかん）

明治 24 年（1891）創業
斐伊川堤防桜並木沿いの老舗旅館

明治時代から続く木次の料亭旅館で、大正5年の簸上鉄道開業時には新聞に祝賀広告を出した。往時、松江方面から汽車で来ると木次着が夕刻となり、木次で一泊して乗り継ぐ客が多かったそう。映画「砂の器」のロケで監督や俳優が宿泊したことでも有名な宿だ。

(営)チェックイン 15:00 ～、チェックアウト 10:00
(休)不定休
(住)島根県雲南市木次町木次 51
☎ 0854-42-0006
(P)有
(料)<本館>素泊まり 5500 円～
<別館>素泊まり 6500 円～
朝・夕食についてはお問い合わせ下さい。
各種ご宴会のお料理にも対応。

▲桜並木を望む本館。8、6、8 畳の部屋をつなげて 35 名までの宴会場にもできる

◀写真の本館は明治期、別館は大正期建築。日本庭園を眺める茶室『涼翠庵』も利用できる

▶日登駅

見る

日登駅（ひのぼりえき）

地元 OB グループが活性化
おもてなしの心あふれる駅

昭和7年（1932）開業時の白壁の木造駅舎の展示室とトイレを平成30年に改修。地元のJRのOBらで作る「偲ぶ会」が駅の美化活動を行い、更に木次線や鉄道に関する資料を展示室で紹介する準備を進めている。会員がいるときに声をかけてみよう。

(営)<きっぷ販売> 8:00 ～ 17:00（簡易委託／有限会社板持土木）※不在の場合もあり
(休)<きっぷ販売>土・日曜
(住)島根県雲南市木次町寺領 341
☎ 0854-42-5431（有限会社板持土木）

昔の駅名標と偲ぶ会らで作った駅看板。きっぷは駅舎内に事務所のある板持土木で販売

偲ぶ会会員で名誉駅長の鐘撞（かねつき）さん。急行ちどりの運転士も長く務めた

駅横に立つご当地ソング「日登駅」歌碑。地元出身のさとうしろうさんの作詞

▶日登駅から徒歩 10 分

倉田カフェ

（くらたかふぇ）

大きな窓から木次線が見えるカフェ オムハヤシライスとピザが人気

大きな広い窓からは木次線の列車が遠くからやって来るのがよく見える。オムハヤシライスは国産牛すね肉を赤ワインで2時間煮込んだソースに目の前の田んぼで採れたお米、木次名物の卵を使う。生地から手作りするライ麦入りのピザは持ち帰りも可能。

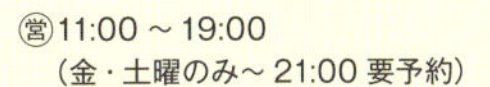

㊟11:00 ～ 19:00
（金・土曜のみ～ 21:00 要予約）
㊡火曜、第 2・4 月曜
㊟島根県雲南市木次町寺領 534-13
☎ 0854-42-0743
Ⓟ有

隠し味に地元の井上醤油と赤味噌でソースにコクを添えたオムハヤシ

開放的でスタイリッシュな空間。夕陽スポットでもある

木次線を見ながらゆっくりとコーヒーを楽しむ

全長 9m ジュラ紀後期の肉食恐竜アロサウルスがエントランスでお出迎え

泊まるときまで恐竜と一緒！人気の恐竜ルームは早めに予約しよう

▶出雲八代駅から徒歩 20 分

奥出雲多根自然博物館

（おくいずもたねしぜんはくぶつかん）

恐竜や化石の大規模展示 見て触って泊まれる博物館

恐竜や魚類・アンモナイトなどの化石、鉱物・岩石など約3000点を展示する自然史博物館。化石の実物に触ったり、描いた絵が投影されるインタラクティブ展示が人気を集める。宿泊施設も併設し、宿泊者限定の迫力満点のナイトミュージアムが楽しめる。

プロジェクションマッピングやお絵かきを投影する参加型展示もある

㊟<展示> 9:30 ～ 17:00　<宿泊>チェックイン 16:00　チェックアウト 10:00
㊡<展示>火曜（祝日の場合は翌日）、年末年始（12/30 ～ 1/2）
㊟島根県仁多郡奥出雲町佐白 236-1
☎ 0854-54-0003　Ⓟ有
㊞<展示>大人 500 円、大学・高校生 300 円、小・中学生 200 円
<宿泊> 1 泊 2 食付 7900 円～ ※ Wi-Fi あり ※入浴は隣接する佐白温泉長者の湯を利用

▶出雲八代駅からバス４分

佐白温泉 長者の湯

神話のロマンあふれる つるつるさっぱり美肌の湯

素戔嗚尊と結ばれた櫛名田姫が住んでいたという神話ロマンの地に湧く。地下のミネラルを含んだ高アルカリ単純泉で、重曹成分の働きで肌がつるつるになると評判だ。お食事処では日本農業遺産に認定された、たたらに由来する特産の仁多米が食べられる。

▲岩風呂には尾原ダム（さくらおろち湖）の湖底となった斐伊川の石を使う

◀原木木材を使用した古民家風の外観。奥出雲多根自然博物館に隣接

㊫<温泉> 6:00 ~ 8:00、10:00 ~ 21:00（最終受付 20:30） <食事処> 11:00 ~ 14:00、17:00 ~ 21:00（LO 20:30）
㊡第２・４火曜
㊟島根県仁多郡奥出雲町佐白 223-5
☎ 0854-54-0203 Ⓟ有
㊒中学生以上 400 円、小学生 200 円、未就学児無料
㊋出雲八代駅から奥出雲交通・佐白宮の下行きバス「博物館前」下車徒歩１分

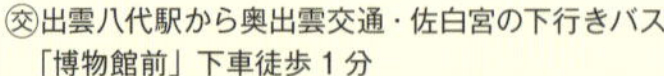

新鮮な野菜や地酒、炊き込みご飯も。上りのおろち号停車中にお土産を買うのに便利

隣接する奥出雲町観光案内所。地元・近隣情報に詳しいコンシェルジュも常駐

観光案内所でレンタサイクルも借りられる。人気のため事前予約が吉

▶出雲三成駅

仁多特産市

仁多米や舞茸、野菜など 奥出雲地域の農家から届く特産品

奥出雲地域は古くからたたら製鉄の鉄穴流し跡の土地と水路を棚田として再生して来た。砂鉄を含む風化花崗岩から溶け出したミネラルの多い水ですくすく育つ米は奥出雲の仁多米として知られる。その他、延命水で栽培する舞茸などが駅舎内の特産市で買える。

㊫<特産市・観光案内所> 8:30 ~ 17:30
㊡<特産市>お正月（1/1 ~ 3）
㊟島根県仁多郡奥出雲町三成 641-4
☎<特産市> 0854-54-9250 <観光案内所・レンタサイクル> 0854-54-2260 Ⓟ有
㊒<レンタサイクル> 4 時間以内：大人用 510 円、子供用 300 円、アシスト車 720 円 超過料金：大人用 300 円、子供用 200 円、アシスト車 300 円

▶出雲三成駅から徒歩 12 分

雲州忠善刃物

（うんしゅうちゅうぜんはもの）

明治から令和まで４代続く
奥出雲町の鍛冶工房

「数は作れなくても責任の持てるものを作らねば」と語る川島さん。たたら製鉄で古くから鉄の生産が行われて来た奥出雲町で、代々農具や刃物を作ってきた鍛冶職人一門の4代目だ。工房では川島さんの指導で、本物の三徳包丁を自分で作り上げる体験ができる。

㊔<体験>午前 9:30 ～、午後 13:30 ～（所要時間約 3 時間、要予約）
㊡土・日曜、祝日、年末年始
㊟島根県仁多郡奥出雲町三成 712-7
☎<申込> 0854-54-2260（奥出雲観光協会）
Ⓟ有
㊕1 本 15000 円（当日支払い・現金のみ）

▲鍛冶ひと筋、80 歳の 4 代目川島さん。1000℃で熱して叩くことで硬く丈夫な刃物に

◀右は刃物用の鉄に刃になる鋼を付けたところ。グラインダー成型の後、鍛錬していく

▶出雲三成駅から徒歩 5 分

奥出雲町サイクリングターミナル

（おくいずもちょうさいくりんぐたーみなる）

レンタルサイクルもある宿泊施設
レストラン仁多米食堂も併設

誰でも利用できる公共宿泊施設。大浴場、和室、洋室があり、レンタルサイクルも借りられる。各部屋に有線LAN、館内にWi-Fiがある。奥出雲の食材にこだわったレストラン仁多米食堂を併設しており、宿泊客以外の一般客や地元の人々も多く訪れる。

㊔<宿泊>チェックイン 16:00 ～ 23:00　チェックアウト 6:00 ～ 10:00　入浴可能時間 16:00 ～ 23:00　<仁多米食堂> 11:00 ～ 14:00、17:00 ～ 20:30（LO20:00）
㊡<宿泊>年末年始　<仁多米食堂>火曜、年末年始
㊟島根県仁多郡奥出雲町三成 558-6　☎ 0854-54-2100　Ⓟ有
㊕1 泊朝食付 5,940 円~　<レンタルサイクル> 4 時間以内：大人用 510 円、子供用 300 円、アシスト車 720 円　延長 1 時間:大人用 300 円、子供用 200 円、アシスト車 300 円

併設の仁多米食堂は一般利用も可。舞茸焼肉定食の舞茸は奥出雲の延命水で栽培され、香りと歯ごたえがいい

広々した 10 畳の和室。アルコール類の自販機も館内にある

斐伊川に面して建つ。駅からは奥出雲大橋を渡ってすぐ

▶出雲横田駅から徒歩 1 分

うんしゅうそろばんでんとうさんぎょうかいかん

雲州そろばん伝統産業会館

奥出雲町が誇る島根県の伝統的工芸品
雲州そろばんの歴史と技術に触れる

雲州そろばんは、硬いそろばんの珠を加工するために、たたら製鉄の鉄を使った珠削機を発明し、農閑期にそろばん作りに取り組んだことで発展した。明治10年頃の珠削用手回しろくろも展示されている。

㊐9:00 ～ 16:30
㊡月曜（休日の場合は翌日）、年末年始（12/28 ～ 1/4）
㊟島根県仁多郡奥出雲町横田 992-2
☎ 0854-52-0369
Ⓟ有
㊕大人 310 円、高校・大学生 210 円、小・中学生 150 円／団体（20 名以上）大人 260 円、高校・大学生 150 円、小・中学生 100 円

展示室の内観。繊細な技術で作り出される雲州そろばんは “質の雲州” と称えられる

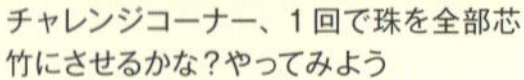

チャレンジコーナー、1 回で珠を全部芯竹にさせるかな？やってみよう

すぐ前にある出雲横田駅。出雲式しめ縄は令和元年の神在月を前に掛け替えた

たたら製鉄の象徴という説がある八岐大蛇（やまたのおろち）をモチーフにしたオブジェが出迎える

炉に空気を送る天秤ふいごが体験できる。番子（作業員）になりきってみよう

たたら炉の仕組みはこうなっている！　巨大で複雑な地下構造の実寸模型

▶出雲横田駅から徒歩 15 分

おくいずもたたらととうけんかん

奥出雲たたらと刀剣館

たたら製鉄の歴史と刀剣を展示
日本刀の鍛錬公開も行う

世界で唯一たたら製鉄の操業が行われる奥出雲町。日本刀の原料の玉鋼は古代から続くたたら製鉄でしか作ることができない。ここではたたら製鉄の技術や歴史、現在操業する「日刀保（にっとうほ）たたら」の様子、日本刀を展示する。月2回日本刀の鍛錬の実演も見学できる。

㊐9:30 ～ 17:00（入館は 16:30 まで）
※<刀剣鍛錬実演>第 2 日曜、第 4 土曜
㊡月曜（祝日の場合は翌日）、12/28 ～ 1/4
㊟島根県仁多郡奥出雲町横田 1380-1
☎ 0854-52-2770　Ⓟ有
㊕<入館料>大人 530 円、小・中学生 260 円　<刀剣鍛錬実演・特別入館料>大人 1270 円、小・中学生 630 円

▶出雲横田駅から徒歩 10 分

おくいずもや　きゃろっとはうす

奥出雲屋／（有）キャロットハウス

奥出雲産の食材で体に良いお総菜店
イートインコーナーも完備

地産地消をモットーに、旬の地元食材を使った健康的なお総菜が並ぶ。和食、洋食、中華とバラエティに富んだ献立はすべて手作り！好きなお総菜を好きなだけ選びイートインコーナーで食べられるので、好みや食べる量の違う連れと一緒でも気がねなし。

好きなお総菜を選んでプレート盛り。イートインコーナーでゆっくり食べよう

奥出雲和牛 100% のパテと米粉バンズ。ここでしか買えない奥出雲バーガー

お総菜は量り売り。事前の予約注文で木次線応援弁当も作ってもらえる（個数相談）

㊋9:30 ～ 18:30
㊡不定休（正月：元旦～ 4 日）
（イベント等で臨時休業あり）
㊟島根県仁多郡奥出雲町下横田 89-4
☎ 0854-52-2468　Ⓟ有

▶八川駅から徒歩 0 分

やかわそば

八川そば

江戸幕府にも献上された
奥出雲の貴重な在来蕎麦が味わえる

奥出雲の蕎麦畑は標高300 ～ 500mで昼夜の寒暖差が大きいため香りと風味の強い蕎麦が採れる。八川そばでは、奥出雲だけで食べられる在来品種「横田小そば」を使い手打ち。駅の前に店舗があり、おろち号の時間に合わせて「トロッコそば弁当」も予約販売する。

▲割子（わりご）は容器に甘辛いつゆを直接かけてたぐる。わさびやとろろを乗せて

◀トロッコそば弁当はホームまで届けてくれる。乗車当日までに予約しよう

㊋11:00 ～ 18:00
㊡火曜
㊟島根県仁多郡奥出雲町八川 99-1
☎ 0854-52-1513
Ⓟ有

▶亀嵩駅

駅長そば 扇屋

駅舎が蕎麦屋できっぷも買える
亀嵩駅名物　手打ち蕎麦

松本清張の小説「砂の器」の舞台になった亀嵩(かめだけ)駅。きっぷ販売を委託された初代が昭和48年（1973）に駅舎内で手打ち蕎麦店を始め、現在2代目が腕を振るう。店内から発着する列車を見ながら、石臼挽きのそば粉を使った奥出雲蕎麦を堪能できる。

㊔9:30 ～ 17:00 (LO)
㊡火曜（祝日の場合は営業）
㊟島根県仁多郡奥出雲町郡 340
☎ 0854-57-0034
Ⓟ有

▲香り高い石臼挽きの挽きぐるみ。当日までの予約でそば弁当を車内から買える

◀地元の子どもたちがデザインしたかわいいカメ駅長の看板。記念写真を撮ろう

▶出雲坂根駅

出雲坂根駅

延命水と三段式スイッチバックの駅
焼き鳥や地酒が買える売店も

三段式スイッチバックの駅で、ホームの端に湧き出す延命水で知られる。無料の水汲み場は駅舎横に設置。駅舎の横では週末の奥出雲おろち号運行日を中心に地元の人たちが臨時の売店を開いており、方向転換の停車時間に特産グルメを買い求めたり水を汲んだりする人で賑わう。

㊔<臨時売店>おおむね 10:00 ～ 15:00 くらい
㊡<臨時売店>不定休（お電話でご確認ください）、奥出雲おろち号が運行しない時期は休み（おおむね 12 ～ 3 月）
㊟島根県仁多郡奥出雲町八川 992
☎ 090-7505-8617
㊟有

昔この辺りに住んでいた百歳を越える古狸が愛飲していたという長寿の霊水・延命水

出雲坂根名物の焼き鳥。臨時売店「延命の里」で買える

写真奥に見えるのは三井野大橋

トロッコ客車と控車の2両をディーゼル機関車で牽引。銀河鉄道をイメージしたデザイン B

▶出雲坂根駅

見る

食べる

木次線トロッコ列車（きすきせんとろっこれっしゃ）奥出雲おろち号（おくいずもおろちごう）

目の前に絶景が広がる！ トロッコで自然の風を感じよう

ガラスのないオープンな窓から木次線の絶景が眺められる観光トロッコ列車。田園風景から深い山の中へ。駅でのお出迎えや沿線で手を振ってくれる地元の人々の笑顔がうれしい。そして車内で販売する沿線グルメも旅の醍醐味だ。忘れられない思い出を作ろう。

運行区間／木次～備後落合（1日1往復）
※一部の日程で出雲市駅から片道延長運転あり
運行期間／4月初旬～11月下旬の金～日曜、祝日
※ゴールデンウィーク、夏休み、紅葉期間は平日も運行

1号車のトロッコ車。備後落合駅に到着

木次線のハイライト、絶景に思わずシャッターを切る F

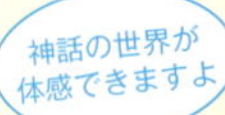
神話の世界が体感できますよ

▶車内で案内をしてくださるボランティアガイドの宇田川さん

▲2号車の控車は冷暖房完備。1枚の指定席券でトロッコ車と控車両方の座席に座れる

だんだん！
（出雲弁で"ありがとう"）
◀ワゴン販売の松崎さん。延命水のコーヒーやおろち号グッズが買える

▲仁多牛弁当。奥出雲の棚田で育った仁多米に甘辛く炊いた仁多牛の味がしみる

▲目の前に広がるそば畑を見ながら舞茸入りのそば弁当

▶出雲坂根で買った焼き鳥を車内でいただきま～す！

◀平飼い有精卵と木次牛乳のアイスクリーム、今日は抹茶で。バニラやブルーベリー、ブラックオリーブなど6種類

木次線
車窓ポイント

出雲坂根～三井野原　日本国内でも珍しい山越えの名所

三段式スイッチバック

（さんだんしきすいっちばっく）

中国山地の分水嶺にある三井野原駅は、木次線内最高地点の標高726m。出雲坂根駅との標高差162mを、逆Z型に進行方向を切替ながら登る。この区間の工事の施工は昭和9年(1934)1月で、蒸気機関車では最短距離を登り切れない。軍拡の予算削減もあり、トンネルではなく三段式スイッチバックとなった。

2回目の折り返し地点。分岐器を冬の積雪から守るための建屋がある

スイッチバックの2段目から3段目へ登っていく

3段目の先からは山を巻くように大きくカーブしながら、幾つかのピークをトンネルでかわして三井野原駅に向かう

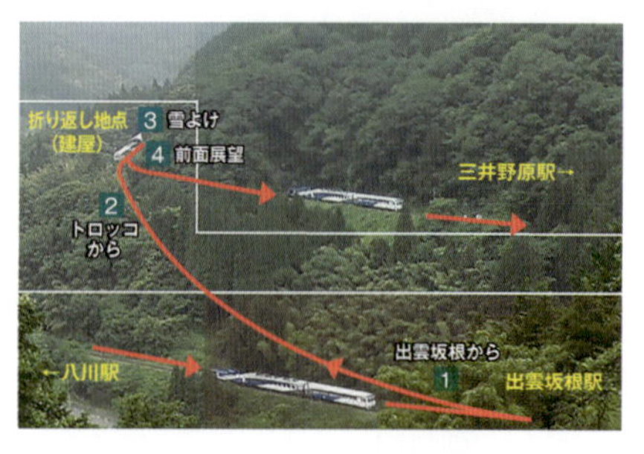

出雲坂根駅を出た列車は、いったん進行方向を切り替えて八川駅方向へ進む

黄色の列車が三井野原からの千分の三十という最急勾配を下りて来た　F

木次線
車窓ポイント

出雲坂根～三井野原

日本最大級の二重ループと真っ赤なアーチ橋

奥出雲おろちループと三井野大橋

おくいずもおろちるーぷ　みいのおおはし

三井野大橋近くの道の駅より、トロッコ列車奥出雲おろち号が上って行くのを見守る。谷の深さは約100mほどもある

三井野大橋は全長303mとこれまた日本最大だ

三段式スイッチバックのある急勾配を道路はどうやって上るのか。その答えが、日本最大級の二重ループ方式道路「奥出雲おろちループ」だ。11の橋と3つのトンネルで高低差105mを駆け上る。木次線の車窓から見たおろちループの姿はまるで八岐大蛇(ヤマタノオロチ)がとぐろを巻いているよう。そしてループ中の最高地点にある真っ赤なトラスドアーチ橋「三井野大橋」はさながらオロチが吐き出す炎だ。

三井野原駅を出てすぐ、列車がループの西側を通るときの眺め

紅葉の時期には車窓から燃えさかる“オロチ”を眺められる

Former Sanko Line
特別編
旧三江線
江津－三次
（島根県江津市）（広島県三次市）
108.1km　全35駅
江津
三次
島根県
広島県
注意

中国山地と江の川の眺め
廃止後の駅や線路でアクティビティが楽しめる

島根県江津市から広島県三次市を108.1kmの鉄路で結んでいた三江線は、開業から88年後の平成30年(2018)4月1日に廃止となった。本州で営業距離100kmを越える路線の廃止はJR発足後初とあり全国から注目を集め、廃止までの連日の報道に接し多くの人が押し寄せた。陰陽連絡線の一つとして中国地方最大の川・江の川に沿って走る三江線の景観に人々は感嘆した。沿線では三江線の駅や線路などの鉄道資産を地域活性に生かそうという取り組みが始まり、廃止後に島根県邑智郡川本町、同邑南町などが旧駅や設備等を取得し、イベント開催や鉄道公園事業などを行っている。廃止後から運行を開始した三江線代替バスは住民の交通の足として機能するだけでなく、観光にも配慮したルートやダイヤが組まれている。

口羽駅でトロッコ車両に乗って楽しむ来場者ら。邑南町の三江線鉄道公園(仮)の体験イベントで、NPO法人江の川鐵道が運営する(島根県邑智郡邑南町)

三江線が走った

沿線地域の魅力

江の川と三江線

三江線は江の川に沿うように敷設され、広島県三次市・安芸高田市、島根県邑智郡邑南町・美郷町・川本町、同県江津市を通っていた。江の川は中国山地を貫く唯一の先行河川(※)で、両側に急峻な斜面が迫る深いV字渓谷を形成する。蛇行する流れの両岸は水際に崖や露岩が見られ、春の山桜、夏の深緑、秋の紅葉が見事で、朝夕の川霧が立ち上る様子は幽玄の世界だ。赤い石州瓦の家並みも美しい。江の川は地域文化の伝達も担った。三江線の各駅には石見地方(島根県西部)で盛んな石見神楽演目の愛称が付けられていた。石見神楽は八調子という速いリズムの囃子に、ダイナミックな舞と絢爛豪華な衣装が特色だ。沿線の舞は江の川に沿って広島県側まで伝播したといわれる。旧三江線の一部の駅舎や施設は廃止後に自治体に譲渡された。川本町では石見川本駅でレールバイクのイベント、邑南町では口羽駅でトロッコ車両乗車体験イベント、宇都井駅でINAKAイルミというライトアップイベントが行われている。

昭和50年(1975)、潮駅の開業を祝って桜が植えられた。潮の桜並木は花の名所として人々に愛され続ける(島根県邑智郡美郷町)
<平成25年JR三江線フォトコンテスト(春の風景)受賞作品
田原幹夫撮影「サクラのトンネルの下で」/邑智郡町村会(三江線活性化協議会)提供>

※先行河川…地面が隆起して山脈を形成する前からその場所に流れていた川が、水の流れで地面を削る速さが隆起より速かったため、元の流路を変えず流れに沿った深い谷を作ったもの。

紅葉に包まれた江の川のV字渓谷。季節によって、時間によって、様々な表情を見せる(第3江川橋梁　旧宇都井～旧伊賀和志) F

三江線

代替バスに乗ろう！

三江線の代替交通として運行
江の川沿いを通るルートは眺めも良好

石見川本から粕淵駅前（旧邑智町）を経由して上野（かみの）（旧大和村）までを運行する大和観光・川本美郷線のバス（島根県邑智郡美郷町潮村）

大和観光・川本美郷線の車窓からの眺め（美郷町都賀行）（みさとちょうつがゆき）

君田交通・川の駅三次線の車窓からの眺め（広島県三次市作木町香淀）（さくぎちょうこうよど）

三江線の旧駅を結ぶ

三江線廃止後に代替交通として運行を開始した三江線代替バス。複数の路線に分かれ、運行会社も複数ある。土休日は観光利用できるよう三次から江津まで乗り継いで行けるダイヤが設定されている。江の川沿いを通るルートが多く三江線に勝るとも劣らない車窓風景だ。バス旅で気になるのは実はトイレ事情だったりするのだが、代替バス路線内では以下のバス停近くにきれいなトイレがある。

- 式敷三次線／式敷駅
- 川の駅三次線・備北交通作木線／川の駅常清
  ※川の駅常清バス停で、備北交通作木線・グリーンロード大和方面行きはロータリーには入らず川岸側から乗車するので注意
- 備北交通作木線／口羽大橋（口羽駅前トイレ）
- 備北交通作木線・大和観光川本美郷線／道の駅グリーンロード大和
- 川本美郷線／浜原駅前、粕淵駅前
- 川本美郷線・石見交通江津川本線／石見川本
- 江津川本線／道の駅かわもと、川戸、川平

三次駅前の代替バス乗り場

三次駅１番ホームには江津駅からの距離を示す「108」と書かれた三江線のキロポスト（※）があり、その横に三江線の歩みを記した記念プレートが設置されている

※キロポスト…始点からの距離を示す標識で、駅のホームや線路脇などに設置されている。

三江線代替バスは駅前ロータリーの２番バスのりばに発着

三次駅へのアクセス

- 東京・新大阪 ―＜新幹線＞― 広島駅
  - ＜芸 備 線＞（快速）1日 4本・約1時間20分・片道1340円 ― 三次駅
  - ＜芸 備 線＞（普通）1日16本・約1時間40分・片道1340円 ― 三次駅
  - ＜高速バス＞土休日 1日23本・約1時間40分・片道1530円 ― 三次駅
- 東 京 ―＜飛行機＞― 広島空港 ―＜連絡バス＞ 1日3便・約1時間20分・片道1320円 ― 三次駅

三江線代替バスマップ

廃止となったJR三江線（江津駅[島根県江津市]～三次駅[広島県三次市]）の代替交通として平成30年(2018) 4 月1日から運行しているバスのルートマップです。

区間によって運行会社が異なります。

※三江線駅の最寄りなど主要バス停のみ記しました。
※2019年10月現在の状況です。

三江線代替バスの時刻表は国土交通省中国運輸局のHPをご覧下さい
http://wwwtb.mlit.go.jp/chugoku/kousei/sankoline_busmap.html

この地図の作成に当たっては、国土地理院長の承認を得て、同院発行の数値地図(国土基本情報)電子 国土基本図(地図情報)及び数値地図(国土基本情報)電子国土基本図(地名情報)を使用した。(承認番号 平30情使、第651号)

NPO法人江の川鐵道 制作
Eメール　gonokawa20180515@gmail.com

観光スポットの前で停車　君田交通 川の駅三次線

IC カード　PASPY・ICOCA・Suica他 交通系10カード対応

▲ブッポウソウやイチョウなど沿線の名物ラッピング。季節によって変わる

江の川を見ながら、旧三江線の対岸の国道375号を通る。吊り橋の唐香橋や真っ赤な三国橋などが山々に映える。江の川カヌー公園さくぎや川の駅常清など観光スポットの前に停留所があって便利。

☎ 0824-53-2314（君田交通）

ルート

川の駅常清
〜
カヌー公園前
〜
三次駅前

▲雄大な江の川を体感できるカヌー

◀囲炉裏のあるコテージ。江の川を見ながらBBQもできる

▶カヌー公園前バス停から徒歩 0 分

江の川カヌー公園さくぎ

カヌーにキャンプに沢遊び
コテージや温浴施設も

初心者から体験できるカヌー教室のほか、沢の水をためたプールでのすべり台や沢遊び、キャンプ場、コテージなど江の川を遊び尽くせるレジャー施設。レストランでは江の川を見ながら食事ができる。温浴施設「くまみ湯」は日帰りでお風呂だけの利用も可。

㊔<カヌー・売店> 8:30 ～ 18:00 <くまみ湯> 5 月～ 9 月 10:00 ～ 21:00、10 月～ 4 月 13:00 ～ 21:00
㊡火曜（GW、夏休み期間は無休）、年末年始
㊟広島県三次市作木町香淀 116　☎ 0824-55-7050　Ⓟ有
㊕<カヌースクール> 70 分 2,030 円、<くまみ湯>大人 350 円、小学生 150 円、小学生以下およびコテージ宿泊者無料
㊪<第 1 コテージ（4 名まで）> 14,250 円～ <オートキャンプ場> 1 泊 2,030 円（電源利用料込み）
㊇三江線代替バス・君田交通川の駅三次線　カヌー公園前バス停徒歩 0 分

▶川の駅常清バス停から徒歩 25 分

常清滝

126m の高さから流れ落ちる迫力 広島県の名勝

江の川水系作木川の支流・常清川にかかる高さ126mの三段滝。白亜紀中期に噴出した灰白流紋岩の断崖で、両側に落葉広葉樹と常緑広葉樹が混生する。春の新緑、夏の涼風、秋の紅葉はことに見事で、冬は氷瀑といって氷結した滝が見られることでも有名。

㊟広島県三次市作木町下作木
☎ 0824-55-2111（三次市作木支所）
Ⓟ有
㊋三江線代替バス・君田交通川の駅三次線川の駅常清バス停徒歩 25 分または三江線代替バス・備北交通作木線作木支所前バス停徒歩 20 分

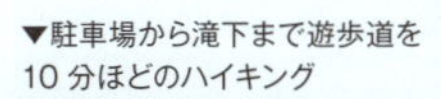

▼駐車場から滝下まで遊歩道を 10 分ほどのハイキング

▲滝つぼの下から少し登ると見晴らしのいい展望台もある

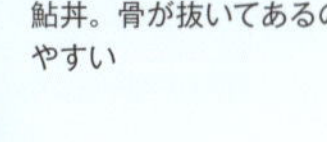

▲甘めのタレで香ばしく焼いた鮎丼。骨が抜いてあるので食べやすい

◀敷地内には明治期に江の川の水運を担った高瀬舟を復元した展示もある

▶川の駅常清バス停から徒歩 0 分

川の駅 常清

江の川の天然鮎が食べられる 特産のゆずを使ったお土産も

レストランでは目の前の江の川で獲れた天然鮎のメニューが楽しめる。丸ごと一匹乗った鮎うどんや冬限定のおでんは干し鮎を出しに使った郷土の味。売店では、特産ゆずのドリンクやチョコ、作木産の酒米・八反錦で作った地酒「わかたの酒」などが買える。

㊅<レストラン> 11:00 ~ 15:00 (LO14:30)
<お土産> 10:00 ~ 17:00
㊡水曜（8 月、祝日の場合は営業）、年末年始
㊟広島県三次市作木町下作木 1537
☎ 0824-55-7020 Ⓟ有
㊋三江線代替バス・君田交通川の駅三次線および同・備北交通作木線が停車

山並みと清流の車窓

備北交通 作木線

ICカード
PASPY･ICOCA･Suica他
交通系10カード対応

▲邑南町の口羽駅前にある三江線全通記念碑の横を走る

国道54号と県道62号の山あいを通り、川の駅常清からは国道375号を江の川に沿って北上する。山の景色と清流の眺めが両方楽しめる。

☎ 0824-72-2122（備北交通）

ルート

道の駅グリーンロード大和（島根県邑智郡美郷町）
〜
川の駅常清
〜
ゆめランド布野
〜
三次（三次駅前･三次中央病院･三次工業団地）

▲畑から直送の旬の野菜が次々並ぶ。
お総菜や特産のお菓子などお土産ものも色々

▶ゆめランド布野バス停から徒歩1分

道の駅 ゆめランド布野
（みちのえき　ゆめらんどふの）

毎日採れたて新鮮野菜や
地元の素材を使ったアイスが人気

三次市布野町、作木町の生産者が毎朝届ける野菜の野菜市場を中心に、市場の野菜を使ったメニューが楽しめるレストランやアイスクリーム屋さんがある。三次のしぼりたてミルクに布野･作木産の野菜やフルーツを使ったジェラートアイスは特におすすめ。

◀旬の素材の季節限定品も含めて常時約30種類あるジェラートアイス

㊒<市場> 8:00～17:00（冬期　平日～16:00、土日祝～16:30）
<レストラン> 9:00～16:30　<売店> 9:00～16:30
<まるごと布野のアイス屋さん>（春夏）9:00～17:00（秋冬）
平日 10:00～15:30（土日祝）10:00～16:30
㊡火曜、臨時定休
㊟広島県三次市布野町下布野 661-1
☎ 0824-54-2929　Ⓟ有
㊝三江線代替バス･備北交通作木線　ゆめランド布野
バス停徒歩1分

▶ゆめランド布野バス停から徒歩３分

カフェ 陽だまり圭の助

（かふぇ ひだまりけいのすけ）

ヘルシーでおいしいダチョウ料理と挽き立てコーヒーが自慢

自社牧場で育てたダチョウ肉のメニューを提供する。やわらかでクセのない肉質で低カロリー、低脂肪、低コレステロールで高タンパク。ビタミンA、B、鉄分が豊富なダチョウを、フィレのサイコロステーキやカレー、串カツなどで食べられる。

㊒8:30 ～ 17:00
㊡月・水曜（臨時休業あり）
㊟広島県三次市布野町下布野 661-1 ゆめランド布野（林産館内）
☎ 0824-54-7015
Ⓟ有
㊂三江線代替バス・備北交通作木線 ゆめランド布野バス停徒歩３分

ダチョウの生ハムピッツァ。たっぷりのチーズと共に熱々で

スマホや携帯デバイスを充電できる充電ポールを設置。自由に使える

ほっこりくつろげる店内。ライダーや旅人のため店の一角に無料休憩所も用意

▶道の駅グリーンロード大和バス停から徒歩１分

道の駅 グリーンロード大和

（みちのえき ぐりーんろーどだいわ）

幻の果実・ポポーのアイスや特産の甘酒をおみやげにどうぞ

島根県邑智郡美郷町の道の駅でバスのターミナル的スポット。季節の野菜はもちろん、砂糖を使わずお米を発酵させて作った美郷特産の甘酒、幻の果実といわれるポポーのジェラートなど買える。すぐ横に江の川を見ながら歩ける遊歩道があり、特に春は桜がいい。

菌床しいたけが有名。手軽でヘルシーなキクイモの粉末もおすすめ

バナナとメロン、さつまいものようなトロピカルで甘いポポージェラート

産直市のほか、コーヒーが飲めるカフェスペースも併設。三江線写真集もある

㊒<産直市・売店>秋～春 9:00 ～ 18:00、夏 9:00 ～ 19:00
<カフェ> 10:00 ～ 15:00（木曜は休み）
㊡1/1 ～ 3
㊟島根県邑智郡美郷町長藤 248-2
☎ 0855-82-2812 Ⓟ有
㊂三江線代替バス・備北交通作木線および同・大和観光川本美郷線が停車

石見地方ならではの紅い石州瓦の家並みを見ながら走る。風が気持ちいい　E

▶口羽大橋バス停から徒歩2分

さんこうせんてつどうこうえん
三江線鉄道公園(仮)

旧三江線の駅を活用
トロッコ車両でレール上を快走

令和2年(2020)春開業予定。令和元年(2019)は旧三江線口羽・宇都井両駅のホームと線路を利用して、トロッコ車両の乗車体験イベントを不定期で開いた。トロッコは蓄電池モーターで定員5名。ホームから出発し、田畑や家並みを見ながらのんびりと走る。途中にトンネルも通り、全長1km程度のコースを往復する。

㊢不定期開催（冬期以外ほぼ毎月）　※今後のスケジュールはNPO法人江の川鐡道HPに掲載
㊟島根県邑智郡邑南町下口羽1300
☎080-6269-8596（NPO法人江の川鐡道）
島根県邑智郡邑南町宇都井420-2
Ⓟ数台有（満車の場合は徒歩8分の町役場羽須美支所駐車場をご利用ください）
㊖イベントごとに決定
㊋三江線代替バス・備北交通作木線　口羽大橋バス停徒歩2分

◀三江線鉄道公園

◀NPO法人江の川鐡道HP

昔三江線を走っていたキハ02形車両をイメージしたチモハ02 18車両

ホームの横は田んぼ。春の水鏡、夏の緑、秋は黄金色の稲穂を見ながら

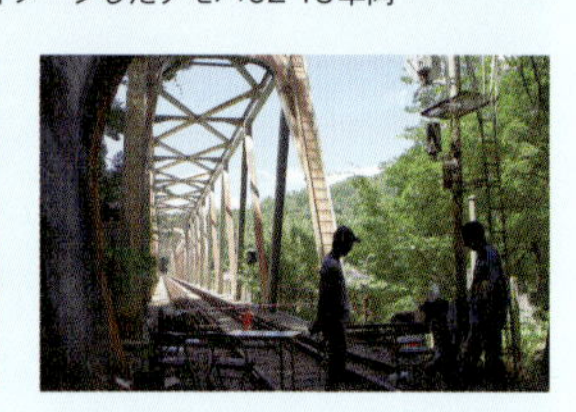

第2口羽トンネル出口で折り返す。第4江川橋梁の向こうは広島県三次市作木町伊賀和志(いかわし)

駅と周辺の施設は邑南町の所有となっている

口羽駅の待合室。三江線の頃から続く駅ノートも置いてある

▶町営おおなんバス
宇都井駅バス停から徒歩０分

INAKAイルミ

**“天空の駅”と周辺一帯が
10万球のイルミで光り輝く**

地上20m、天空の駅として知られた旧三江線宇都井(うづい)駅を毎年秋の2日間だけライトアップするイベント。地元住民によって平成22年（2010）に始められ、平成30年よりNPO法人江の川鐵道が事務局を務める。邑南町のA級グルメ屋台も並び多くの人でにぎわう。

㊖毎年11月下旬
※スケジュールは江の川鐵道HPに掲載
㊟島根県邑智郡邑南町宇都井
☎080-6269-8596（NPO法人江の川鐵道）
㊕観覧無料（駅入場等アトラクションは別途設定）
㊢口羽駅から
車で10分

宇都井駅

江の川鐵道

青く輝く駅の橋脚の下、稲穂イルミが幻想的に揺れる

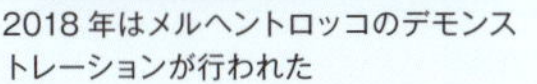

2018年はメルヘントロッコのデモンストレーションが行われた

駅に上がる階段ホールもライトアップ

▶町営おおなんバス
宇都井駅バス停から徒歩３分

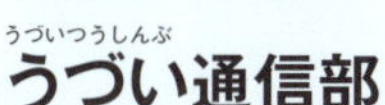

うづい通信部

**天空の駅近くに令和２年春オープン
地元の人と旅人の交流空間**

宇都井駅から宇都井谷川に沿って歩いてすぐの場所に交流カフェがオープンする。95年前に村人らが力を合わせて建てた旧医院を再活用しようと、地域住民とボランティアの協力で改装中。令和2年（2020）春グランドオープンの予定だ。

㊖未定
㊡未定
㊟島根県邑智郡邑南町宇都井1067
☎090-7127-4334
㊢口羽駅から車で10分

▲当時無医村だった宇都井出身の医師がＵターン開業し、喜ぶ村人らが資材を出し合った

◀意義深い建物の再活用を呼びかけた井上さん。準備に余念がない

▶石見川本バス停から徒歩0分

いわみかわもとえき
石見川本駅

レールバイクにコンサート 人が集まる楽しい駅

駅舎を川本町が譲り受け、町観光協会主催のレールバイクイベントや地元有志による駅舎コンサート、ワークショップなどに活用している。自分で運転する原動機付きレールバイクは運転席と助手席の2人乗りでイベント時に乗れる。駅前には三江線代替バスのほか、路線バスや高速バスも停車してにぎわう。

㊋不定期開催
※スケジュールは川本町観光協会HPで確認
㊟島根県邑智郡川本町川本
☎0855-74-2345（川本町観光協会）
Ⓟ近隣に有
㊕イベントごとに設定
㊐三江線代替バス·大和（だいわ）観光川本美郷線および同·石見交通江津川本線が停車
広島方面から高速バス「石見銀山号」大田（おおだ）行きが停車

◀石見川本駅

◀川本町観光協会HP

駅の周辺200mを往復する。最高時速15kmでもレールがすぐ近くにあって迫力満点

三江線カラーでデコレーションしたレールバイク。イベントのヘッドマーク付き

窓口できっぷを買って改札口でハサミを入れてもらう。ハサミあとはハート型♪

これからも楽しいイベントを色々やりますよ

▶川本町観光協会の大久保さん

▲歴代の駅名標。右から国鉄時代、JR時代、そして今、川本町の時代！

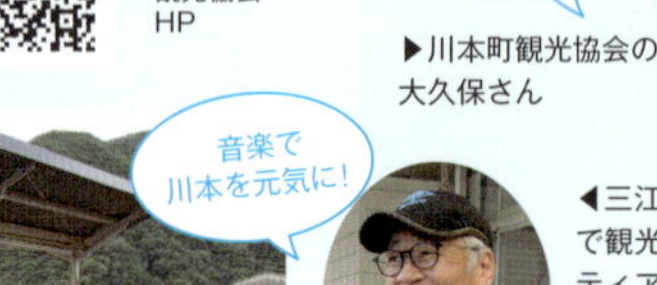
音楽で川本を元気に!

◀三江線運行時、駅で観光案内のボランティアをしていた有田さん。現在はコンサートのオーガナイズで駅と関わる

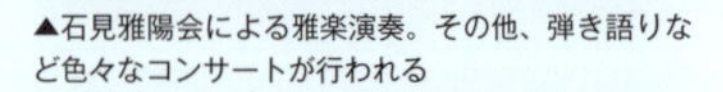
▲石見雅陽会による雅楽演奏。その他、弾き語りなど色々なコンサートが行われる

モンゴル音楽のミュージシャン岡林立哉さんを高知県より招いてのコンサート

三江線廃止から1年目のレールフェスには東京·大阪、広島からも多数来場

▶石見川本バス停から徒歩２分

きたみち庵

（きたみちあん）

地元川本産のそばを手打ち
鮎出しのつゆが香り高い

川本町の笹畑おひさま農園の蕎麦を使い手打ち。つゆは干し鮎を炭火で炙って出しをひく。鮎は別名を香魚というだけあって、蕎麦の風味にコク深い香りのつゆが絡む絶品。各種割子やざる、かけのほか、珍しいそば釜飯やそばぎょうざのメニューもある。

㊋10:30～14:00　※無くなり次第終了
㊡水曜　㊟島根県邑智郡川本町577
☎0855-72-0016
㊯三江線代替バス・大和（だいわ）観光川本美郷線および同・石見交通江津川本線　石見川本バス停から徒歩２分　または広島方面から高速バス「石見銀山号」大田(おおだ)行き石見川本バス停下車徒歩２分

天ぷら割子。麺はやや幅広でコシがある

江の川で産卵前の10月頃に獲れる子持ち鮎の甘露煮。秋の新蕎麦のかけそばに乗せたい

小上がりとテーブル席にカウンターもある

▶石見川本バス停から徒歩５分

旅館みかみ

（りょかん みかみ）

会食・宴会もできる
川本の中心地に立つ老舗旅館

全室和室で昔の風情を残す老舗旅館。平成31年（2019）に1階の食堂をリニューアルし、宴会にも利用できるようになった。18席まで着席可能、部屋を区切れば少人数でも利用できる。宴会込みのグループ旅行のほか、宿泊なしの会食のみでもOK。

▲旬の地元食材を生かした手料理が評判。イベントや会合にも便利

◀大正時代に建てられた貴重な木造三階建て

㊟島根県邑智郡川本町529-6　☎0855-72-0082　Ⓟ有
㊕<宿泊>1泊2食付き7,500円～、1泊夕食付き7,000円～、1泊朝食付き6,000円～、1泊素泊まり5,300円～（各税別）
<宴会>予算に合わせて応相談
㊯三江線代替バス・大和（だいわ）観光川本美郷線および同・石見交通江津川本線　石見川本バス停から徒歩５分
または広島方面から高速バス「石見銀山号」大田(おおだ)行き石見川本バス停下車徒歩５分

ローカル線 沿線イベントカレンダー

	1月	2月	3月	4月	5月	6月
芸備線		塩原の大山供養田植		三次さくら祭 宮原観音例大祭（宮原会館） 尾関山の桜 蓮照寺の枝垂れ桜 向原カタクリ祭り	御衣黄桜 小奴可の要害桜 大土山田楽大花田植（吉田口）	三次の鵜飼い 向原花しょうぶ祭り 狩留家なす収穫祭
福塩線	的弓祭（小童須佐神社）	天領上下ひなまつり ほら吹き神事（吉備津神社）			上下あやめ祭り（矢野温泉公園四季の里）	あじさい祭り（府中市神宮寺）
井原鉄道	井原線感謝デー		嫁いらず観音院春季大祭（井原市）	井原市産業まつり 金田一耕助春の誕生会（横溝正史疎開宅）		宇内ホタル鑑賞旬間（矢掛町）
木次線	三井野原スキー場			奥出雲おろち号運行 桜まつり（木次駅周辺） 鬼の舌震川開き		花しょうぶあじさい祭り（南大東） 赤川ホタル見バス運行（出雲大東）
旧三江線			イズモコバイモ開花（川本町）	潮の桜（美郷町） 川戸駅の桜（江津市） 花桃まつり（邑南町）	次の日祭り（邑南町） 川戸水神祭（江津市）	ほたる祭り（里神楽）（邑南町）

※ 2020 年はオリンピックの影響でイベントが中止になることがあります。事前にご確認ください。※主なものを掲載しています。

7月	8月	9月	10月	11月	12月
三次きんさい祭り	みよし市民納涼花火祭り ヒバゴン郷どえりゃあ祭(花火)	霧の海開き (三次市)	比婆荒神神楽	東城お通り 尾関山公園紅葉ライトアップ	
備後国府まつり (府中市) 可佐峡フェスティバル	吉舎ふれあい祭り(灯ろう·花火)		天領上下白壁まつり 上下かかし祭り (矢野温泉公園四季の里)	カーターピーナッツ収穫祭 (甲奴町)	
清流まつり(花火) (高梁川清音河川敷グランド)	井原夏まつり納涼花火大会			1000人の金田一耕助 (清音・真備) 矢掛の宿場まつり(大名行列)	明治ごんぼう村フェスティバル
二十三夜祭(花火) (加茂中)	三成愛宕祭り(花火) (奥出雲) 木次夏まつり(花火)	さくらおろち湖トライアスロン	紅葉	きすきがっしょ祭 出雲追分全国優勝大会 新そば	三井野原スキー場(~3月)
ええなあ祭りかわもと(花火) (石見川本) 美郷夏まつり花火大会 鹿子原の虫送り踊り (邑南町)	江の川夏まつり(たらいレース) (江の川カヌー公園さくぎ)		伝統芸能と光の祭典 (美郷町) はすみリゾートまつり (邑南町・下口羽) さくぎふるさとまつり (三次市) 大元神楽 (江津市ほか)	INAKAイルミ (宇都井) みさとふるさとまつり (美郷町・粕渕) 川本町産業祭 (川本町) 桜江いきいき祭り (江津市)	ゆめランド布野収穫祭

インデックス

主なアクセスガイド

		発		着
東京から	飛行機で	羽田空港	約 1 時間 30 分／ ANA・JAL ／ 1 日 18 便	広島空港
			約 1 時間 10 分／ ANA・JAL ／ 1 日 10 便	岡山空港
			約 1 時間 30 分／ JAL ／ 1 日 5 便	出雲空港
	新幹線で	東京駅	約 4 時間／のぞみ	広島駅
			約 3 時間 10 分／のぞみ	岡山駅
	特急で	東京駅	約 8 時間 30 分／ 1 日 1 便 / サンライズ瀬戸（寝台特急）	岡山駅
			約 12 時間／ 1 日 1 便 / サンライズ出雲（寝台特急）	宍道駅・出雲市駅
大阪から	飛行機で	伊丹空港	約 1 時間／ JAL ／ 1 日 4 便	出雲空港
	新幹線で	新大阪駅	約 1 時間 30 分／のぞみ	広島駅
			約 45 分／のぞみ	岡山駅
	高速バスで	新大阪・梅田	約 4 時間 20 分 / みよしワインライナー	東城
			約 5 時間 / みよしワインライナー	三次
		梅田	約 4 時間 20 分／カブトガニ号	神辺・井原
			約 4 時間 30 分 / びんごライナー	府中
名古屋から	新幹線で	名古屋駅	約 2 時間 15 分／のぞみ	広島駅
			約 1 時間 40 分／のぞみ	岡山駅
	高速バスで	名古屋駅・栄	約 10 時間／広島ドリーム名古屋号	広島駅
			約 8 時間／広島ドリーム名古屋号	三次駅
		名古屋駅	約 8 時間／出雲・松江・米子ドリーム名古屋号	松江駅
			約 9 時間／出雲・松江・米子ドリーム名古屋号	出雲市駅
		名古屋駅	約 6 時間／両備バス名古屋線（昼行）	倉敷駅
			約 7 時間 50 分／両備バス名古屋線（夜行）	倉敷駅
	飛行機で	県営名古屋空港	約 1 時間 5 分／ FDA ／ 1 日 2 便	出雲空港
福岡から	飛行機で	福岡空港	約 1 時間 5 分／ JAC ／ 1 日 2 便	出雲空港
	新幹線で	博多駅	約 1 時間／のぞみ	広島駅
			約 1 時間 40 分／のぞみ	岡山駅

※ 2019 年 10 月現在の状況です。

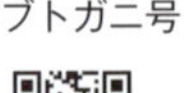
カブトガニ号

サンライズ
瀬戸・出雲

びんご
ライナー

みよしワイン
ライナー

広島ドリーム
名古屋号

出雲・松江・米子
ドリーム名古屋号

両備バス
名古屋線

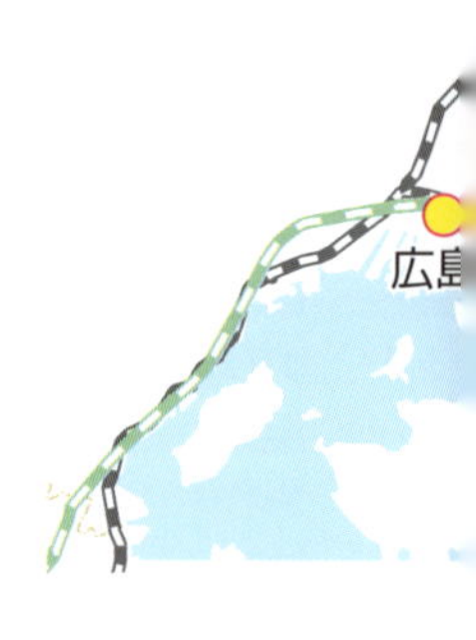

※ QR コードが読みづらいときは、スマホの画面をピンチイン（拡大）すると読みやすくなります。

出雲空港
松江
境線
山陰本線
鳥取県
宍道
出雲市
伯備線
山陰本線
島根県
木次線
姫新線
備後落合
備中神代
新見
岡山県
津山線
芸備線
伯備線
岡山空港
三次
塩町
芸備線
吉備線
総社
清音
岡山
福塩線
井原鉄道
神辺
宇野線
広島空港
瀬戸大橋線
山陽本線
福山
山陽新幹線
呉線

ローカル線で行こう!
鉄旅ガイド 広島・島根・岡山

芸備線・福塩線・井原鉄道・木次線・特別編 旧三江線

2019年12月10日　初版　第1刷発行

著　者／やまもとのりこ　企画・取材・執筆・編集・イラスト
発行者／西元俊典
発行所／有限会社　南々社
〒732-0048 広島市東区山根町27-2　TEL 082-261-8243　FAX 082-261-8647
印刷製本所／株式会社 シナノ パブリッシング プレス

■ 写真撮影／山岡亮治(A)、山本直樹(B)、江草直樹(C)、安原克(D)、伊藤彰司(E)、陶山透(F)、
見崎真二(G)、和田麻衣子(H)、田原幹夫　(順不同)　写真提供：広島県

■ 協　　力／西日本旅客鉄道株式会社、井原鉄道株式会社
雲南市、奥出雲町、倉敷市、総社市、広島市、福山市、府中市、三次市、矢掛町、倉敷市真備支所、田森自治振興区、三次市作木支所、邑智郡町村会(三江線活性化協議会)、安芸高田市観光協会、井原市観光協会、雲南市観光協会、奥出雲町観光協会、神辺町観光協会、川本町観光協会、庄原市観光協会、府中市観光協会、三次市観光協会、安芸高田市教育委員会、東城町商工会、府中市まちづくり振興公社、安芸高田市歴史民俗博物館、八田原ダム管理所、広島県立文書館、府中市立上下歴史文化資料館、特定非営利活動法人 NPO 狩留家、特定非営利活動法人 江の川鐵道、特定非営利活動法人 西城町観光協会、日登駅を偲ぶ会、比婆荒神神楽保存会、備後落合ガイドの会、福山新市ライオンズクラブ、三田郷土史研究会、物怪プロジェクト三次、りょうまを偲ぶ会、現金屋 箱田、紙楽社、備後落合通信事務局、青原さとし、有田恭二、岩滝和志、宇田川和義、岡崎優子、岡林立哉、小野和彦、小野克正、加藤叡、黒川章男、佐藤俊一、サミーラ・グナワラデナ、多根英志、天神川千歳、鳥越孝太郎、永橋則夫、中原英起、中村計助、中山薫、にしむらみさお、野々村達志、政森進、矢吹沙織、山崎優、山本直樹　(順不同)

■ 参考文献／安芸高田市教育委員会生涯学習課「甲立古墳発掘調査結果について」『遺蹟探訪Ⅱ④』(見学資料) 2015
安芸高田市歴史民俗博物館『安芸高田お城拝見』(第2版) 2017
安芸高田市歴史民俗博物館『さよなら三江線』2017
駅名ものがたり企画委員会『駅長さんの書いた駅名ものがたり』東洋図書出版 1977
沖田健太郎『山間の前期古墳の謎―甲立古墳(安芸高田市)の発掘から―』(講演資料) 2015
小野克正・加藤満宏・中山薫『真備町歩けば』日本文教出版株式会社 2016
神田三亀男『探訪 広島の食文化 郷土食と食習俗』農村地域研究会 1985
黒田明憲「三次鵜飼について」『広島民俗 第9号』1978
公益社団法人 土木学会中国支部『2018年7月西日本豪雨災害調査報告書』2018
国土交通省中国地方整備局『江の川水系河川整備計画』2016
島根大学広報室『広報しまだい vol.19』2014
武田一雄『しょうばら』2000 (第5刷)
武田祐三『芸備線　中国山地の沿線物語』2014
中国新聞社『山陽路四十八次』新人物往来社 1973
てくてく中郡古道プロジェクト『郡中國郡志と中郡古道～社・寺・祠～』2019
中江克己『色の名前で読み解く日本史』青春出版社 2004
西井学『平成30年7月、西日本豪雨災害と復旧』(講演資料) 2019
八田原親悠会『八田原懐古』2000
広島郷土史会『広島郷土史会会報 第181号』2016
広島県広報室「特集 神楽への招待～広島県の伝統芸能」『すこぶる広島 vol.51』2003
広島県立文書館『県北の路線を見つめる』2017
広島県立歴史民俗資料館『祭礼に舞う』2010
三村泰臣『中国・四国地方の神楽探訪』南々社 2013
矢富厳夫『日本の美を舞う石見神楽』2000
山崎優「鉄橋の復旧を急げ」『いちもん 第43号』2000
山崎優「やっと宮原観音へ」『いちもん 第79号』2009
山本直樹『芸備線復旧の軌跡前編』2019
八日市地域づくりの会『簸上鉄道の開通と木次線』2017
米丸嘉一『三江線の歴史』(講演資料) 2017
立正大学博物館『日本古代木造塔の心礎』2003

■ 装丁・デザイン／山本夢子(デザインスタジオ姉妹舎)
■ DTP／岡本祥敬(アルバデザイン)
■ 路線図製作／岡本善弘(アルフォンス)
■ 三江線代替バスマップ制作／特定非営利活動法人 江の川鐵道

ISBN978-4-86489-106-6